Les débuts de l'intelligence

Les débuts de l'intelligence

Pierre Janet

Editions le Mono

ISBN : 978-2-36659-563-5
EAN : 9782366595635

Pierre Janet, médecin, philosophe et psychologue français, fut l'une des figures majeures de la psychologie et fondateur de la psychologie clinique.

Les études publiées dans ce volume qui a pour titre « Les débuts de l'intelligence », portent sur les divers stades des tendances psychologiques, afin de situer l'intelligence élémentaire à sa place dans le tableau hiérarchique de ces tendances. Puis elles portent sur l'analyse des premiers objets intellectuels, la route, la place, l'outil, le portrait, la forme. Quelques autres objets intellectuels : le panier, la part du gâteau, le personnage, le symbole sont étudiés dans un autre volume ayant pour tire « l'Intelligence avant le langage. »

Première partie

Les premiers stades psychologiques

Chapitre I
Le problème de l'intelligence élémentaire

À chaque instant tout le monde parle de l'intelligence et on semble comprendre de quoi il s'agit, mais il est vraiment très difficile de préciser. Un maître d'école, un professeur nous diront facilement : "cet enfant est très paresseux, il ne sait pas grand'chose, mas cela s'arrangera, car il est très intelligent" et ils diront d'un autre : "c'est un bon petit garçon, plein de bonne volonté, il travaille, il apprend beaucoup, il est un puits de science ; mais que voulez-vous qu'on en fasse, il est si peu intelligent". Sans doute ces paroles nous donnent déjà une petite indication au moins négative ; pour ces professeurs, ne rien savoir n'empêche pas d'être intelligent, savoir beaucoup, être un puits de science n'empêche pas d'être bête ; mais si nous demandons au professeur : "À quoi voyez-vous que celui-là est intelligent et que celui-ci est bête ?" il ne nous répondra rien de précis et nous sentirons le vague de cette notion populaire de l'intelligence.

1 - L'intelligence en général.

Peut-être pourrions-nous tirer de ces premières réponses une indication générale. Le professeur a l'air de croire que la petite fille intelligente qui ne travaille pas réussira dans la vie et que le gros garçon qui est bête n'arrivera à rien. L'intelligence se présente comme un pouvoir, comme une puissance dont nous disposons à notre avantage ; l'intelligence sera au point de vue psychologique une condition de l'efficience de l'action.

Il est de mode de répéter que l'homme est bien faible dans le monde, "que la moindre chose, qu'un grain de sable suffit pour l'écraser", c'est à la fois juste et faux. L'homme a sans doute peu de pouvoir dans ce monde, mais il a quelque pouvoir. Quand je déplace un papier sur la table je fais peu de chose mais je fais quelque chose : le destin, les lois naturelles avaient voulu que ce papier fût à ma droite, je l'ai mis à ma gauche, j'ai changé quelque chose dans l'ordre du monde. On nous répète que l'homme a peu de durée, qu'il passe comme une ombre sans laisser de trace. Mais enfin il y a des hommes qui ont bâti des cathédrales ; ces cathédrales ont changé quelque chose dans la région et ce changement se prolonge pendant des siècles. On dirait que l'homme a du pouvoir non seulement à l'endroit où il est, mais encore à l'endroit où il n'est pas : je puis déplacer un livre à côté de moi, mais je puis aussi le jeter à deux mètres, à un endroit où je ne suis pas. L'architecte qui a bâti la cathédrale a jeté son action en avant dans le temps et il a encore de l'efficience des siècles après sa mort.

De quoi dépend cette efficience ? Si nous le savions nous pourrions la gouverner, l'augmenter indéfiniment et nous deviendrions maîtres de tout, maîtres même de la mort, comme disait M. Bergson. Nous pouvons cependant dire que cette efficience dépend de bien des choses dont les unes sont en dehors de nous, dans les rencontres fortuites de notre organisme et des choses extérieures, et dont les autres sont en nous dans notre organisme, dans notre vie. Une de ces conditions qui sont en nous consiste précisément dans ces conduites intelligentes : toutes choses égales d'ailleurs, une action intelligente a plus d'efficience, dans le temps, qu'une action bête. Par exemple une découverte scientifique qui transforme la vie des hommes dans de vastes régions et pendant des siècles rentre dans ce groupe des actions intelligentes.

Cette idée d'efficience peut encore se préciser un peu, car les modifications du monde que nous considérons pour apprécier cette efficience ne sont pas quelconques. Si par un mouvement maladroit, je fais tomber par terre un vase précieux construit par un artiste il y a longtemps, j'ai eu de l'efficience, puisque j'ai changé quelque chose dans le monde et détruit ce qui durait depuis un siècle ; mais on ne me fera pas de compliments, on dira que je n'ai rien fait d'intelligent. Pour que l'efficience de l'acte soit appréciée comme intelligente, il faut que son effet soit favorable aux désirs, aux tendances des hommes, qu'elle permette aux hommes de vivre plus, de vivre mieux pendant plus longtemps. C'est là ce qu'on appelle l'adaptation d'un être à son milieu, c'est un changement de son état qui lui permet de conserver sa propre nature, de la développer au milieu de choses qui ne sont pas identiques à lui-même, que ne sont pas lui-même. C'est pourquoi l'intelligence a été comprise le plus souvent comme une condition qui favorise l'adaptation de l'être vivant. L'intelligence devient ainsi une des propriétés de la matière vivante, une cause importante de l'efficience des êtres vivants.

On est arrivé très vite dans ce sens à d'énormes et vagues généralisations : l'adaptation du corps aux conditions dans lesquelles il est placé, la construction de l'organisme qui lui permet de manger, de respirer, de remuer ont été considérées comme une œuvre intelligente, comme le type de l'intelligence. Je rappelle à ce propos un livre que j'ai trouvé très séduisant, La psychologie organique, 1925, qui est signée d'un pseudonyme, Pierre jean. Cet auteur montre de l'intelligence dans toutes les cellules, dans les champignons, dans les fleurs ; il signale particulièrement l'intelligence des capucines qui cherchent avec ingéniosité à orienter leurs feuilles perpendiculairement aux rayons du soleil et à fuir l'ombre qui les gêne. je ne refuse pas cette qualification d'intelligence aux capucines qui sont évidemment des fleurs très spirituelles : je crains seulement qu'il n'y ait là bien des métaphores peu précises, l'emploi des mots "intelligence, sentiment, mémoire" dans tous ces cas me paraît un peu aventureux, car on arrivera à confondre l'intelligence avec la vie, ce qui n'éclaircira ni l'une ni l'autre. N'en est-il pas un peu de même dans le beau livre de MM. von Monakow et Mourgue, Introduction *biologique à* la neurologie et à la *psychopathologie, 1928,* où ces auteurs nous décrivent des instincts intelligents dans l'édification de l'embryon ? Les faits sont bien observés, mais les mots semblent employés d'une façon abusive. Nous ne connaissons guère la nature de la vie et les conditions de ses adaptations, n'est-il pas dangereux d'identifier tout de suite ces conditions inconnues avec l'une de nos conduites qui nous réussit dans certaines situations particulières et que d'ailleurs nous sommes loin de connaître avec précision ? On pourrait rappeler à ce propos une pensée de Gustave le Bon : "Le savant capable de résoudre avec son intelligence les problèmes résolus à chaque instant par les cellules d'une créature infime serait tellement supérieur aux autres hommes qu'il pourrait être considéré par eux comme un Dieu". Il n'est pas bon de confondre tout de suite tous ces procédés d'adaptation inconnus avec notre intelligence qui ne doit être que l'un d'entre eux et peut-être l'un des plus infimes. C'est une des formes de la philosophie romantique de ramener tout à un principe de vie que nous ne sommes guère pour le moment capables de comprendre.

Notre tâche est beaucoup plus modeste, nous cherchons au point de vue psychologique à préciser un peu la nature de cette efficience spéciale que nous appelons l'intelligence, nous essayons de préciser dans quels cas nous qualifions d'intelligentes certaines conduites des hommes ou même des animaux. Rappelons d'abord une petite histoire de psychologie animale qui nous a amusés il y a trente ans. Deux professeurs français se trouvaient en voyage dans une petite ville d'Écosse, à Inverness ; ils ont été un jour accostés par un chien épagneul d'allure fort aimable qui paraissait désireux de lier connaissance avec eux. Ce chien portait à son cou une tirelire sur laquelle étaient inscrits le nom d'une institution charitable et la prière de mettre un penny dans la petite boîte. Ces voyageurs intrigués et séduits par les manières du chien ont voulu mettre un penny dans la tirelire ; mais le chien ne parut pas satisfait, il les empêcha de mettre la pièce dans la boîte et la prit entre ses dents. Les deux professeurs intrigués suivirent le chien dans quelques détours et le virent entrer dans une boulangerie. Celui-ci s'approcha de la patronne et déposa le penny dans sa main, elle le prit et donna en échange au chien un petit pain ; le chien immédiatement mangea le pain et retourna au grand trot à ses occupations.

Ces deux observateurs ont raconté ce fait bizarre dans un petit article de la Revue scientifique et ils concluaient : "Ce chien est tout simplement un voleur qui s'entend avec la boulangère pour tromper l'institution charitable. Sa conduite est évidemment déplorable au point de vue moral, mais elle est très remarquable au point de vue psychologique. Ce chien a compris le proverbe : "Charité bien ordonnée commence par soi-même", en outre il a su faire de la boulangère sa complice et il arrive à se procurer des petits gâteaux avec beaucoup d'intelligence." Cet article provoqua une grande admiration pour l'intelligence du chien d'Inverness.

Mais l'affaire n'en resta pas là : quelques semaines après, le directeur de l'institution charitable envoya à la Revue scientifique un article de rectification en disant : "Vous donnez à notre chien moins de moralité et plus d'intelligence qu'il ne convient, car c'est nous qui l'avons dressé à ce manège. Ce chien n'est nourri que par les petits pains qu'il gagne de cette manière. La boulangère n'a donné qu'un petit pain d'un demi-penny et a remis la différence dans la tirelire." Immédiatement l'opinion publique se retourna et déclara que le chien d'Inverness ne méritait plus sa réputation d'intelligence.

Ce revirement de l'opinion nous montre qu'un certain caractère important de l'intelligence disparaissait après les explications du directeur. Nous avions cru d'abord que le chien avait inventé sa conduite compliquée et adaptée, mais nous apprenons que l'invention ne lui appartient pas car elle a été faite par l'institution, c'est elle qui a été intelligente et non le chien.

Cette petite histoire précise déjà un caractère de l'intelligence : nous appelons intelligent un acte qui, en quelque chose, est original, qui sorte de l'être lui-même et qui ne vient pas des autres. Un acte habituel, devenu mécanique ne peut être intelligent que dans son origine, dans sa première construction et pour l'apprécier il faut remonter à ces débuts. Ce caractère de l'invention, de l'apparition nouvelle est cependant trop général : tout changement qui apparaît spontanément dans un être vivant n'est pas un acte intelligent, car l'évolution de la vie nous présente à chaque instant de tels changements. Une autre observation portant cette fois sur une conduite humaine peut préciser à quel point l'action doit être modifiée pour être qualifiée d'intelligente.

Il y a quelques années, j'avais à diriger une malade déjà âgée de 76 ans dans des conditions morales assez particulières. Cette personne avait à Paris une situation assez élevée : son âge, sa fortune, le nom de son mari qui avait été un personnage politique important, ses enfants qui avaient de grandes situations et même le rôle qu'elle avait joué elle-même autrefois, tout la rendait digne de tous les égards et même de tous les respects. Malheureusement l'âge et des troubles nerveux avaient beaucoup modifié son caractère et son attitude : elle ne surveillait plus ni sa tenue, ni sa propreté, dans la conversation elle disait trop souvent des choses mal à propos, elle avait surtout de mauvaises habitudes au point de vue de l'alimentation et de la boisson. Une garde décorée du nom de dame de compagnie devait être placée auprès d'elle et je m'efforçai d'expliquer à cette personne quelle était la situation : d'un côté une dame infiniment respectable et qui s'en rendait compte, auprès de laquelle il fallait avoir constamment une attitude respectueuse et même un peu admirative ; de l'autre un certain abaissement psychologique qui obligeait à prendre des précautions, à exiger certains soins, à supprimer des aliments et des boissons défendus, à arrêter des bavardages inconsidérés, etc. La garde parut comprendre et promit tout ce que je demandais.

Quelques jours après, cette garde vint me trouver et se présenta avec une certaine agitation pour me faire des reproches assez vifs : "Vous m'avez donné, disait-elle, des ordres absurdes, parce qu'ils sont contradictoires et inexécutables : d'un côté vous voulez que j'aie pour cette dame tous les respects possibles, je l'accepte parfaitement ; mais alors je serai son inférieure, car le premier des respects c'est l'obéissance et elle va me faire faire, vous le savez bien, des absurdités. D'autre part vous me dites de lui faire faire des choses qu'elle ne veut pas faire, de l'empêcher de manger et de boire à sa façon, de sortir seule et de s'égarer dans les rues, de bavarder à tort et à travers, tout cela je le comprends fort bien ; mais pour le faire il me faut commander, c'est alors moi qui serai la supérieure, car celui qui se fait obéir est le supérieur. Je veux bien être l'une ou l'autre, l'inférieure ou la supérieure, mais c'est une absurdité que de me commander d'être l'une et l'autre à la fois ; choisissez ce que je dois être."

De ce discours, j'ai conclu que cette femme était trop bête et qu'elle était incapable de remplir une mission délicate qui demandait de l'intelligence. À mon avis, une femme intelligente peut fort bien avoir l'air infiniment respectueux, se montrer en apparence très docile et en même temps ne faire que ce qu'elle veut et commander fermement en ayant l'air d'obéir. Bien des femmes sont capables de jouer ce rôle.

Cette petite histoire médicale est peut-être instructive : elle nous montre un caractère essentiel de l'intelligence pratique et peut-être une des raisons de son pouvoir. La garde nous paraissait sans intelligence, quand elle nous offrait de choisir l'une ou l'autre de deux conduites précises, anciennes, déjà organisées avec précision par les habitudes sociales, et ce que nous considérions comme intelligent c'était une troisième conduite personnelle, nouvelle, adaptée à ce cas particulier et intermédiaire entre les deux conduites banales et traditionnelles.

On peut prendre un autre exemple pour préciser ma pensée, car il s'agit ici d'une question délicate qui va prendre une grande importance dans toutes ces études : on connaît ces appareils de distribution automatique qui sont souvent placés dans les gares ; sur ces appareils il y a des séries de boutons qu'il faut presser pour obtenir une chose ou une autre dont le nom est inscrit au-dessous de chaque bouton. Le premier bouton nous donne des pastilles de chocolat, le second de la poudre de riz, le troisième des bonbons acidulés. Si un enfant veut des pastilles de chocolat il presse le premier bouton, s'il veut des bonbons acidulés il presse le troisième. Mais un enfant capricieux et gourmand a dans la tête l'idée bizarre de mettre à la fois dans sa bouche une tablette de chocolat et un bonbon acidulé ; comme il n'a qu'une seule pièce et ne peut presser qu'un seul bouton, comment obtiendra-t-il un petit sac contenant moitié de l'un et moitié de l'autre ? Notre enfant sort de la gare et va dans une boutique où une aimable marchande lui confectionne immédiatement le petit sac qui contient une moitié de pastilles et une moitié de bonbons : l'appareil automatique était bête, la marchande a été intelligente.

Encore un exemple puisque la question me paraît grave au début : un homme désire un costume neuf et pour faire des économies il entre dans un magasin de confections. "C'est bien simple, lui dit-on, êtes-vous grand ou petit, êtes-vous gros ou maigre ? Nous avons des costumes qui habillent parfaitement les grands, les petits, les gros ou les maigres." L'acheteur reste interdit : "C'est, dit-il, que j'ai le malheur de n'être ni grand ni petit, ni gros ni maigre, je suis maigre de la poitrine et je suis gros du ventre." Aucun costume confectionné ne lui va et il est forcé de retourner chez son tailleur qui, en homme intelligent, lui fera un costume sur mesure, intermédiaire entre les différents costumes tout faits.

Le souvenir de la garde choisie pour la vieille dame n'est pas sans une certaine importance philosophique. Ce que nous lui demandions sous le nom de conduite intermédiaire entre deux autres, c'était ce qu'on peut appeler une conduite sur mesure, une conduite relative à certaines circonstances et cette observation introduit dans la conception de l'intelligence une notion très importante, la notion de relation, de rapport. Dans toutes les sciences on parle perpétuellement de rapports et la plus grande difficulté de ces études c'est de comprendre les rapports. Un enfant que l'on initie aux mathématiques a bien de la peine à comprendre ce que c'est qu'une fraction, que la moitié ou le quart sont des rapports entre un et deux ou entre un et quatre et il faudra qu'il comprenne peu à peu bien d'autres rapports, car toutes les mesures et toutes les lois ne sont que des rapports. Les notions qui permettent aux hommes de parler du temps, même d'une manière élémentaire, les notions d'hier, de demain, d'avant et d'après ne sont aussi que des rapports. Le malheureux enfant ne peut pas se réfugier dans sa famille, car il ne peut comprendre qu'il a un père, une mère, des frères, sans comprendre une foule de relations. Quand l'enfant va essayer de se représenter un peu ce qui se passe autour de lui il va tomber sur les rapports de causalité, de finalité, qui essayent de mettre un peu d'ordre dans l'univers ; cette notion de rapport est partout fondamentale dans ce qu'on appelle l'intelligence.

Nos deux observations bien simples sur le chien d'Inverness et sur la garde de la vieille dame semblent avoir précisé un peu le problème de l'intelligence. Elles nous montrent qu'il y a une conduite inventée par l'individu, nouvelle au moins par certains côtés, qui consiste à prendre dans bien des circonstances un juste milieu, qui consiste à placer une action jusque-là inconnue entre deux actions déjà bien connues, c'est-à-dire à agir d'une manière relative. Cette conduite semble au point de départ de toutes les notions de rapport, des rapports de grandeur, de succession, de production qui remplissent les sciences. Ces conduites que l'on entrevoit ont un grand caractère, elles semblent éminemment fructueuses pour les hommes, ceux qui les pratiquent sont visiblement supérieurs aux autres et la science qui en est sortie a multiplié énormément l'efficience de l'homme. Étudier l'origine et la formation de ces conduites relationnelles, essayer d'expliquer ce qui fait leur puissance ce serait certainement comprendre une grande partie de l'intelligence.

2 - La place de l'intelligence élémentaire parmi les tendances.

Comment pouvons-nous faire une pareille étude et comment pouvons-nous parvenir à l'examen psychologique des rapports qui ont été déjà si souvent étudiés au point de vue logique ?

Sans critiquer ces études logiques des rapports qui sont souvent fort belles, je dirai simplement qu'elles m'inquiètent un peu parce qu'elles abordent les choses par le côté où elles sont le plus difficiles à comprendre. Ces rapports de ressemblance, de contenance, de causalité tels qu'ils existent aujourd'hui dans la philosophie, dans les sciences et même dans le langage courant sont compliqués, abstraits, mélangés intimement avec une foule d'interprétations faites au cours des siècles. Ce sont des langages et des croyances superposés à ces relations elles-mêmes et il n'est pas facile de débrouiller cet écheveau.

Bien souvent la psychologie a procédé de la même manière. Depuis Descartes surtout elle prenait son point de départ dans la pensée et étudiait les idées telles qu'elles sont actuellement formulées par notre langage intérieur. Mais ce sont là les faits les plus compliqués qui constituent pour la science un bien dangereux point de départ. La psychologie un peu nouvelle qui s'est développée depuis quelques années me paraît plus modeste et plus simple. Elle considère la conscience et la pensée intérieure comme des complications dont il faut au début réserver l'étude. Elle veut étudier d'abord les faits psychologiques de la même manière qui a permis de comprendre un peu les faits physiques et les faits biologiques en les étudiant au dehors tels qu'ils se présentent à nos regards. Or les faits psychologiques étudiés au dehors sont des conduites, c'est-à-dire des ensembles d'actes, des mouvements des bras, des jambes, du corps entier et surtout de la bouche, car les hommes sont surtout des animaux bavards. Après les premières adaptations des êtres vivants qui ont été les fonctions viscérales de la digestion, de la respiration, les êtres vivants semblent avoir utilisé des adaptations d'une autre nature, par des mouvements extérieurs de leurs membres et des déplacements de leur corps. Ce sont ces actes que nous considérons comme les phénomènes psychologiques les plus simples, dans une psychologie de la conduite.

Avant les idées de rapport et les raisonnements sur les rapports il y a des conduites particulières dont nous venons de voir des exemples, dans la conduite de la marchande aimable qui mélange pour le petit garçon les chocolats et les bonbons, dans la conduite du tailleur qui fait un vêtement sur mesure. Nous dirons que ce sont des conduites relationnelles qui mettent en relation plusieurs termes les uns avec les autres. Ces conduites nous semblent plus élémentaires que les idées de rapport qui en sont sorties par le perfectionnement du langage. Par conséquent, dans la mesure où cela nous sera possible, ce sont ces conduites relationnelles préparatrices des rapports que nous devons étudier en premier lieu.

On peut encore indiquer cet objet de nos études d'une autre manière. Aujourd'hui, chez un homme adulte, les rapports sont contenus dans le langage, c'est le langage qui contient toute l'intelligence qu'ont acquise nos ancêtres et qu'ils nous ont léguée. Ce que nous voulons étudier, c'est la formation de ces conduites intellectuelles qui ont précédé le langage et qui en ont permis la formation, c'est l'intelligence avant le langage.

S'il en est ainsi, il nous faut chercher la place de ces conduites relationnelles au milieu de toutes les autres actions que les hommes ont peu à peu appris à faire. Une psychologie de la conduite devient nécessairement une psychologie génétique qui range les conduites observées dans un certain ordre en mettant au début les conduites qui nous paraissent les plus simples et au-dessus les conduites plus élevées suivant leur ordre de complication et aussi, quand nous pouvons le soupçonner, suivant leur ordre d'acquisition.

Les intervalles entre les opérations successives qui sont comme des paliers ne doivent pas être trop grands pour que nous puissions nous représenter un peu l'ascension qui a été faite. C'est, en somme, dans cette édification de la psychologie, la conduite de l'échelle, c'est-à-dire la conduite que nous avons vis-à-vis d'une échelle. Les échelons successifs ne doivent être séparés les uns des autres que par des intervalles adaptés à l'écartement de nos jambes. Vous voyez déjà dans cette allusion à l'échelle une indication de notre tendance à recourir à des conduites inférieures pour expliquer les supérieures ; ici la notion de l'échelle nous prépare à comprendre les paliers de l'évolution.

Nous avons été amenés à établir, d'une façon malheureusement encore bien fragile, ce tableau de la hiérarchie des tendances ou mieux de la hiérarchie des opérations psychologiques. A propos de ce tableau, je suis heureux de pouvoir vous signaler un livre écrit en espagnol qui le présente d'une manière intéressante et utile. M. B. Subercaseaux, qui a suivi mes cours au Collège de France, a bien voulu en présenter un résumé dans des conférences qu'il a faites au Chili. Son livre, *Apuntos de psicologia comparada*, 1928, résume bien l'essentiel de cet enseignement.

Si nous considérons ce tableau, nous admettrons facilement d'après nos remarques précédentes que les conduites relationnelles ne doivent pas être placées parmi les tendances supérieures qui utilisent le langage et dont l'élément essentiel est la croyance. Dans ces tendances asséritives, réfléchies, rationnelles, se trouvent des croyances, des idées générales, des mesures, en un mot des rapports compliqués qui nécessitent le langage. On peut, comme on l'a fait souvent aujourd'hui, désigner sous le nom de plan verbal l'ensemble de ces opérations supérieures qui dérivent du langage. Les conduites relationnelles doivent être au-dessous puisque nous venons de les définir de l'intelligence avant le langage.

Mais il ne faut pas non plus placer nos conduites relationnelles trop en bas du tableau, parmi les conduites élémentaires des premiers animaux que nous y avons placées sous le nom de conduites réflexes et de conduites perceptives. Ces conduites simples et régulières ressemblent à la pression des boutons de l'appareil de distribution ou bien aux habits tout faits de la maison de confections, elles ne présentent pas du tout les caractères de nos conduites relationnelles.

Ces deux groupes de conduites, les conduites supérieures après le langage et les conduites tout à fait inférieures des réflexes et des perceptions sont aujourd'hui très bien étudiées les unes et les autres. Vous avez bien connu ici les études de M. Lévy-Bruhl sur les premières croyances des peuples primi-tifs, qui doivent être placées au début des tendances supérieures et les études de M. Piéron sur les réflexes sensoriels qui se placent dans la partie inférieure du tableau. Mais il y a entre ces deux parties du tableau un espace probablement assez considérable où nos connaissances sont très restreintes : on a peu étudié ce passage curieux des actes instinctifs aux langages et aux croyances humaines. Quand on essayait de faire autrefois une carte de l'Afrique, on mettait beaucoup de détails sur le littoral, mais on réservait au centre de grands espaces blancs que l'on appelait "*terrae incognitœ*, les terres inconnues". Dans la carte de l'esprit humain nous pouvons mettre aussi *terrae incognitae* sur les vastes régions où s'élaborent probablement les conduites relationnelles qui vont aboutir au langage.

Remarquez que les géographes ne se taisaient pas tout à fait sur les *terrae incognitae*, ils en parlaient un peu. Ils nous disaient : une terre inconnue c'est une terre entourée de tous côtés par des terres qui sont connues, et cet entourage donne déjà quelques petits renseignements sur la dimension de la région inconnue, il en donne un peu plus qu'on ne croit sur son contenu. Supposez par exemple que le géographe qui a décrit en Afrique une terre inconnue remarque que d'un côté il y a de petites rivières qui se dirigent vers cette terre ; ces rivières sont connues, certaines d'entre elles vont traverser la région inconnue. Puis un autre géographe dira de son côté : de cette terre inconnue, je vois déboucher dans la mer un grand fleuve, ce fleuve est visible, il se jette dans la mer, et sort de cette terre. L'esprit humain n'aura pas de peine à dire : ces petites rivières doivent traverser la terre inconnue, et se réunir plus ou moins ensuite pour arriver à faire un fleuve. Je ne connais pas la marche du fleuve, mais il est probable qu'il existe dans cette terre inconnue et je vais au moins mettre par des points la marque d'un fleuve imaginaire.

Dans l'esprit humain il y a ainsi également des régions inconnues, mais on en connaît le point de départ : les conduites instinctives de l'animal ; et aussi le résultat : la fameuse notion de rapport. Il est probable qu'entre les deux il s'est fait un travail, comme il s'en est fait un pour le fleuve dont je vous parlais tout à l'heure, il s'est fait un travail que nous pouvons peut-être connaître par un rapprochement entre le point de départ et le point connu d'arrivée.

Bien plus, ces *terrae incognitae* ne sont pas complètement vides, il y passe des caravanes, des avions les survolent, ces avions n'ont pas tout vu, mais ils disent cependant, de temps en temps : nous avons cru voir quelque chose, nous avons aperçu le sommet de montagnes, et petit à petit il y a des renseignements, des îlots de connaissances qui permettent de marquer quelques points sur ces terres inconnues.

Eh bien, si nous considérons les documents relatifs à l'intelligence, je crois que nous avons des îlots de ce genre et plus de renseignements que nous ne pensions si nous voulons bien les chercher là où ils se montrent bien en évidence.

3 - Les moyens d'étude.

Il y a autour de nous bien des documents vivants qui peuvent nous renseigner sur ces fonctions si peu connues, intermédiaires entre les fonctions réflexes et le langage humain. Ce sont d'abord les êtres vivants qui dans leur développement se sont arrêtés à ce stade. Nous savons bien que des animaux inférieurs, des reptiles ne possèdent guère que les réflexes et les actes perceptifs inférieurs. Mais il y a certainement des animaux qui vont plus loin. Sans doute ils ne parlent pas, ils ne sont pas parvenus au plan verbal, mais ils nous montrent à chaque instant des marques évidentes d'intelligence quoiqu'elle ne soit pas parvenue au langage. Mais c'est là justement notre problème, celui de l'intelligence avant le langage. Étudier cette intelligence de l'animal supérieur doit être une partie importante de notre travail.

Or nous avons justement sur ce point un livre remarquable à consulter : un psychologue allemand, M. Köhler, a été retenu pendant la guerre de longs mois dans l'île de Ténériffe où il y avait un dépôt de singes supérieurs, de chimpanzés destinés à des laboratoires de microbiologie. M. Köhler a entretenu avec ces singes d'excellentes relations et il s'est efforcé de les bien connaître. Ses expériences sur l'intelligence *des* chimpanzés et en particulier sur l'usage qu'ils savent faire de l'outil sont de la première importance, je dirais même qu'elles nous surprennent et qu'elles nous montrent chez cet animal un degré d'intelligence que nous ne soupçonnions pas.

Je ne rappelle qu'un seul exemple brièvement, car nous en reprendrons la discussion dans une des leçons prochaines sur l'outil. Un singe, dont le nom mérite de passer à la postérité, Sultan, est dans sa cage et convoite une banane placée en dehors de la grille. Il cherche d'abord à l'attirer à lui avec un bâton, ce que je trouve déjà très joli, mais le bâton est trop court. Eh bien, je passe aujourd'hui sur les détails, Sultan remarque un autre bambou plus mince et il arrive à l'enfiler sur le premier, ce qui fait un long bâton suffisant pour attirer la banane.

Il ne s'agit pas là de méditation philosophique ni de système du monde, mais je n'hésite pas à dire que ce singe a fait une action intelligente, extrêmement intelligente ; je dirai même qu'elle m'étonne et qu'elle paraît dépasser ce qu'on peut attendre de cet animal : ce singe se conduit intelligemment.

A côté et peut-être déjà un peu au-dessus du singe nous voyons le petit enfant que l'on commence à étudier aujourd'hui beaucoup. justement, il faut signaler l'histoire d'une petite fille américaine qui n'avait pas encore trois ans et que son père, par curiosité psychologique, a mise dans une cage exactement comme les singes. Le psychologue a proposé à cette enfant la plupart des problèmes que M. Köhler posait à ses chimpanzés et nous pouvons constater avec satisfaction pour notre espèce que cette petite fille ne s'est pas montrée inférieure aux chimpanzés. je n'ai pas besoin de rappeler les livres de M. Piaget, de Genève. je regrette un peu que M. Piaget s'occupe beaucoup de l'enfant qui parle et peut-être pas assez de l'enfant qui joue et qui agit ; mais il nous fournira des renseignements précieux sur les actes intelligents de la division et du rangement dont nous aurons à parler plus tard.

Il nous faut tenir compte aussi des travaux si nombreux sur les primitifs, en particulier des belles études de M. Lévy-Bruhl. Mais déjà ici il faut être prudent, car le primitif de M. Lévy-

Bruhl est encore plus bavard que les enfants de M. Piaget. Avec eux nous entrons un peu trop dans les croyances du plan verbal. Cependant, les mœurs et les institutions de ces populations sont pour nous très instructives.

Pour moi-même, j'ai l'habitude, dans mes ouvrages, de me servir particulièrement des observations psychologiques que me fournissent mes malades, tous ceux qui souffrent de ces troubles innombrables qui vont des névroses aux aliénations.

Les malades dont je m'occupe le plus souvent ne peuvent guère, en ce moment, nous être utiles, car, malgré leurs troubles, ils restent, en général, beaucoup trop supérieurs aux chimpanzés. Leurs troubles nous feraient plutôt connaître le mécanisme des croyances qui sont d'un stade supérieur à l'intelligence élémentaire. Il nous faudra plutôt utiliser des malades plus profondément atteints, que fort heureusement je vois moins souvent. Les confusions mentales, les délires infectieux de forme onirique déterminent des abaissements au stade de l'intelligence élémentaire et même au-dessous. Nous trouverons là, sous une forme exagérée, les phénomènes du rêve dont l'étude est aujourd'hui si à la mode. L'étude si difficile des idiots et des imbéciles devra y être ajoutée.

Mais une forme très triste et trop fréquente des maladies de l'esprit est bien plus importante pour nous, je veux parler des détériorations de la conduite Consécutives aux hémorragies cérébrales. Les hémiplégiques droits ont presque toujours en même temps perdu la parole et sont devenus des aphasiques. Cette perte de la parole les met justement au stade dont nous poursuivons l'étude, ils n'ont plus que l'intelligence élémentaire au-dessous du langage et encore cette intelligence élémentaire est chez eux fréquemment troublée. Le professeur Henry Head, de Londres, a fait sur ces malades de longues et belles études réunies dans ses deux gros volumes sur *l'aphasie et* les *questions connexes,* il nous donnera sans cesse les plus précieux renseignements.

Il y a cependant, à mon avis, une étude qui domine toutes les autres et j'avais longuement insisté sur elle dans mes premières leçons au Collège de France en 1912-1913 sur les premiers actes de l'intelligence et dans mes leçons à l'Université de Londres sur les stades psychologiques, 1920[1]. Les premiers actes humains de la perception donnent naissance à des objets, objets alimentaires, objets sexuels, objets redoutables, etc. Ces objets ne sont discernés dans la nature que par les tendances correspondantes de l'alimentation, du sexe, de la fuite. Eh bien, les actes intellectuels élémentaires dont nous nous occupons créent aussi des objets fort curieux qui sont bien distincts des précédents et qui méritent d'être appelés des objets intellectuels. Il y a dans le monde, non seulement des fruits ou des rochers ou des lions, mais il y a la route, la place *publique, la* porte, l'outil, le portrait, le panier, la part du gâteau, les tiroirs de l'armoire, le drapeau, le mot. Comprendre ces objets singuliers qui visiblement n'ont pas été créés par la nature mais par l'homme, voir leur rapport avec les conduites qui leur ont donné naissance, c'est le meilleur moyen de comprendre l'intelligence élémentaire.

Voilà bien des objets d'étude, je n'ai pas la prétention de les traiter tous complètement dans ces petits livres, j'espère seulement intéresser à leur étude et indiquer l'état actuel de ces questions.

---

[1] *The british Journal of psychology, 1921.*

Chapitre II
Les actes réflexes et les actes perceptifs

L'intelligence d'une manière générale s'est présentée comme une sorte d'invention personnelle, comme une adaptation nouvelle de la conduite à des circonstances particulièrement complexes. Une femme nous a paru sans intelligence quand elle n'était pas capable de combiner deux actions anciennes en une seule. Une telle intelligence peut présenter bien des degrés, elle peut s'exercer sur des actes qui sont eux-mêmes déjà des combinaisons intellectuelles, il y a pour ainsi dire des intelligences du deuxième et du troisième degré. Ces formes supérieures de l'intelligence dépendent avant tout du langage, car les nouvelles combinaisons ne peuvent guère se faire qu'entre des actes précédents résumés et présentés sous forme de langage. Mais on doit considérer d'abord une intelligence élémentaire, celle qui effectue des combinaisons entre des actes simples qui ne sont encore que des mouvements des membres déjà donnés dans la constitution de l'organisme et dans celle des instincts. Ce sont ces actes primitifs, antérieurs à l'intelligence élémentaire, qu'il faut d'abord résumer pour pouvoir comprendre ce que l'intelligence élémentaire leur ajoute.

1 - La hiérarchie psychologique.

La conduite des êtres vivants se perfectionne de plus en plus et nous paraît acquérir une efficacité, de plus en plus grande dans l'espace et dans le temps, c'est ce qui frappe nos regards quand nous voyons les différences qui distinguent les êtres les uns des autres. Ce progrès est très lent et au premier abord il y a peu de différence d'un animal à un autre, il s'agit d'une série continue. Nous sommes forcés pour la précision de la description de distinguer des paliers où l'évolution est plus apparente ; la science applique ici à la description des conduites un procédé de l'intelligence élémentaire que nous aurons à étudier à propos de l'échelle, de l'escalier. Dans l'escalier nous établissons des marches dont l'écartement est proportionnel à la puissance de nos jambes, dans les classifications évolutives nous établissons des divisions souvent un peu arbitraires et correspondantes à notre capacité de distinguer les actes les uns des autres. Cette étude a permis d'établir un tableau hiérarchique des tendances, tableau évidemment très résumé mais qui permet de voir quels sont les actes au-dessous de l'intelligence élémentaire et les actes qui se sont développés au-dessus. La liste ci-dessous présente en haut les tendances à des actions très élémentaires qui existent même chez les animaux inférieurs et en descendant les tendances à des actes de plus en plus élevés.

Tendances à des actes réflexes ;
Tendances à des actes perceptifs ou suspensifs ;
Tendances à des actes sociaux ;
Tendances à des actes intellectuels élémentaires ;
Tendances à des actes du plan verbal, actes asséritifs ;
Tendances à des actes réfléchis ;
Tendances à des actes rationnels e ;
Tendances à des actes expérimentaux ;
Tendances à des actes progressifs.

Parmi les actes les plus élevés de l'intelligence élémentaire nous trouvons au premier plan le langage. Sans doute le langage tel qu'il existe aujourd'hui est bien différent des actes de l'intelligence élémentaire et des premiers objets intellectuels, de la route ou du panier. Il n'est plus comme eux un acte particulier et relativement simple adapté à des circonstances bien déterminées, il intervient partout à tout propos, il remplace toutes les autres actions. Il s'agit là d'un rôle spécial du langage qui caractérise une conduite supérieure souvent désignée aujourd'hui sous le nom de conduite du plan verbal. Cette utilisation du langage qui transforme toutes les actions précédentes n'appartient pas en effet à ce que nous appelons l'intelligence élémentaire. Mais avant de faire du langage cet usage spécial, avant de s'en servir comme substitut de toutes les actions, il a fallu d'abord le créer, l'organiser d'une manière moins ambitieuse. On peut remarquer qu'aujourd'hui un autre objet intellectuel, l'outil, a pris également un développement énorme, et qu'il intervient dans presque toutes les actions. Mais on peut observer une époque chez l'animal et chez l'homme où l'outil n'avait pas pris cette extension démesurée. Le langage a commencé de même par des commandements isolés faits par quelques individus seulement et compris seulement par quelques autres. Les quelques formules verbales qui avaient été inventées étaient utilisées isolément de temps en temps dans quelques circonstances, comme les outils ou les paniers. Ce n'est que plus tard que l'homme, parvenu au plan verbal avec la croyance, a donné au langage le rôle que nous lui voyons aujourd'hui. Il s'est donc présenté au début comme l'une de ces opérations intellectuelles que nous étudions ; nous aurons donc, à la fin de ces études, à présenter quelques réflexions sur ces premières formes du langage et sur les actions qui en dérivent immédiatement comme le commandement, le récit et les premières numérations.

Mais il faut d'abord acquérir quelques notions sur les actions inférieures au-dessous de l'intelligence élémentaire qui ont été le point de départ de celle-ci. Quel est le phénomène apparent chez les êtres vivants que nous devons considérer comme le début des phénomènes psychologiques ? Les philosophes, le plus souvent, éludent la question en mettant au point de départ l'intelligence et la pensée, conçues d'ailleurs d'une manière fort vague. Nous ne pouvons pas le faire puisque nous essayons de nous représenter l'intelligence et la pensée comme des formes d'action humaine déterminées apparaissant plus tard à un stade déjà élevé du développement psychologique.

Une hypothèse très intéressante a eu jusqu'à nos jours une grosse influence sur les études psychologiques, c'est l'hypothèse de Condillac qui fait commencer toute l'activité de l'esprit avec le phénomène que l'on a désigné sous le nom de "sensation". On appelle sensation la couleur bleue de ce papier telle qu'elle est dans notre conscience et non dans le monde extérieur, c'est un élément conscient, abstrait de la perception du papier, c'est ce qui reste dans la conscience de cette perception quand on retire l'extériorité, la forme de l'objet, le schéma de cet objet et tous les actes qui dépendent de ce schéma perceptif. Toute la psychologie est fondée sur cette sensation et, quand on a voulu appliquer les méthodes scientifiques à la psychologie, c'est cet élément abstrait de la perception, cette sensation que l'on a voulu mesurer, dont on a cherché les relations avec les phénomènes physiques extérieurs.

Cette hypothèse condillacienne est-elle bien satisfaisante et ne nous a-t-elle pas entraînés depuis deux siècles dans une mauvaise voie ? Ce prétendu élément est encore au point de vue psychologique bien complexe, il est surtout caractérisé par la conscience interne et personnelle, la statue de Condillac "se sent odeur de roses". Ce caractère d'intériorité suppose la distinction de l'extérieur et de l'intérieur qui ne peut se comprendre que par l'analyse des conduites perceptives et des conduites du sentiment qui sont déjà des phénomènes psychologiques bien complexes. La vie interne a été présentée comme la première, comme la plus fondamentale, à la suite de considérations philosophiques ; elle n'a existé en fait que très tardivement.

En fait, on ne peut pas constater de telles sensations isolément. Il est impossible de démontrer que l'enfant commence par avoir le goût du lait isolément quand il tète, puisque. nous le voyons faire en même temps une foule de mouvements. Ce n'est que tardivement chez des adultes que nous Pouvons avoir affaire à des sujets qui nous disent : "je vois du bleu et je ne vois que cela." Ce sont des sujets intelligents et dressés qui, dans une perception totale et complexe d'un papier et d'un appareil, ont appris à isoler un élément désigné par un mot et à porter sur lui leur attention à peu près exclusive. On n'étudie pas ainsi, comme on le croit, un phénomène simple et primitif, mais un, état d'esprit fort compliqué. Un grand nombre des difficultés de la psychologie expérimentale dépendent de ce malentendu sur le choix du phénomène considéré comme élémentaire. La philosophie même a toujours été très embarrassée pour rattacher les actes de l'homme qui ont les phénomènes psychologiques essentiels à cet élément considéré comme purement interne.

Descartes, à qui l'on attribue la considération de la pensée comme point de départ de la vie de l'esprit, ne parlait du "cogito" qu'au point de vue philosophique. Il a été aussi l'un des premiers à étudier un autre phénomène comme primordial quand il décrivait dans un schéma célèbre un homme assis auprès d'un feu qui retire sa main quand elle est brûlée. Ce mouvement élémentaire si bien étudié par Descartes et par Malebranche est devenu "l'acte réflexe", et toute une psychologie a été édifiée qui prend cet acte réflexe comme point de départ. Griesinger commençait déjà à dire que tous les mouvements de l'homme n'étaient que des complications de l'acte réflexe. Depuis cette époque, un grand nombre d'écrivains ont développé cette idée, on peut rappeler entre autres les noms de Laycock, 1844, de Carpenter, de Horwicz, de Bonatelli, de Herzen, de Charles Richet, et surtout de Bechterew. Ce dernier a soutenu formellement que tous les phénomènes psychologiques pouvaient être présentés comme des complications de ces réflexes primitifs.

Sans doute cette conception soulève bien des difficultés et il sera nécessaire d'ajouter au réflexe bien des éléments en grande partie nouveaux, bien des inventions, si l'on veut, d'actes nouveaux qui ne sont pas uniquement des combinaisons de réflexes, mais qui ajoutent d'autres éléments. Mais l'idée générale reste juste : pour nous qui considérons la psychologie scientifique, bien distincte d'une psychologie philosophique ou métaphysique, comme une étude des conduites des êtres vivants, cette conception des actes réflexes comme les plus simples que nous connaissions, au point de départ des autres conduites psychologiques nous semble aujourd'hui la plus juste et la plus féconde au moins comme hypothèse de travail.

2 - Les actes réflexes.

Ces actes réflexes que nous considérons par hypothèse comme la forme la plus simple des conduites psychologiques présentent un certain nombre de caractères. Il est évident que la détermination de ces caractères comporte quelque degré d'abstraction, car la détermination d'un élément ne peut être faite qu'en éliminant dans l'observation d'une chose complexe les parties ou les caractères qui nous semblent. exceptionnels et accessoires.

Un acte réflexe est une réaction composée de mouvements bien déterminés à une stimulation externe également bien déterminée. Le mouvement que l'on observe, plus ou moins compliqué, est toujours le même quand la stimulation elle-même reste identique. Il dépend de la contraction à un certain degré de certains muscles plus ou moins nombreux et d'une succession régulière de ces contractions dans un certain ordre. Dans l'ouvrage de MM. von Monakow et Mourgue, Introduction biologique à l'étude de la neurologie et de la psychopathologie, 1928, ces contractions successives dans un ordre bien réglé sont comparées à une mélodie ; il y a dans le fonctionnement de l'organisme des mélodies cinétiques qui montrent une organisation des mouvements dans l'espace et dans le temps. On pourrait comparer cette organisation à celle qui se manifeste par la mise en marche de disques de phonographe.

Pour constater cette régularité du mouvement dans l'acte réflexe il faut que la stimulation soit également très précise. Il s'agit de telle pression, de tel contact, de telle brûlure, de tel phénomène lumineux déterminé non seulement dans sa qualité, mais aussi dans sa quantité : si la stimulation est trop faible, le réflexe ne se produit pas, à moins que la sommation des stimulations dans un temps très court n'amène une intensité suffisante, La stimulation doit encore être faite sur un point déterminé des téguments. M. Sherrington a bien montré ce caractère en étudiant sur des animaux décérébrés le célèbre "scratch reflex", le réflexe du grattage. Le mouvement de gratter est fait par telle patte de l'animal, avec tels muscles, avec telle intensité, sur tel point de la peau suivant l'endroit de la peau qui est stimulé ; il diffère dès que cette stimulation s'exerce sur un autre point même voisin du premier.

Cette détermination du réflexe est si précise que cet acte ne semble point présenter de degrés, il existe ou il n'existe pas et présente à un haut degré ce caractère "du tout ou rien" qui semble essentiel dans les conduites élémentaires. Quand le réflexe est déclenché, il se produit jusqu'au tout d'une manière complète sans pouvoir être à telle ou telle phase de son activation. On le voit bien dans le réflexe de la déglutition qui se produit complètement ou qui ne se produit pas. Nous avons souvent étudié les phases de l'activation qui jouent un rôle si important dans des actes un peu plus élevés ; ici il ne peut être question que de deux phases, la latence quand le réflexe ne se produit pas, mais reste simplement possible, et la consommation quand l'activation est complète et arrive à son terme. C'est ce que nous avons résumé en disant que le réflexe est un acte explosif par opposition aux actes suspensifs qui caractérisent les conduites perceptives. À ces caractères bien connus par les physiologistes, peut-être pouvons-nous ajouter quelques détails particuliers intéressants pour nos études psychologiques. Le réflexe est pour nous un acte simple qui répond à une seule stimulation actuellement présente et qui ne s'adapte pas d'avance, à d'autres stimulations possibles après la première. Un objet placé devant les yeux ne détermine dans l'acte réflexe que des réactions simples d'accommodation visuelle suivant son éclairage et sa distance. Quand la réaction consiste en des actes plus complexes adaptés à la nature de l'objet, aux stimulations nouvelles qu'il peut déterminer quand on s'approche de lui, quand on le prend, quand on le mange, nous ne désignons plus ces actes plus complexes par le nom de réflexes.

Le réflexe est également simple en ce qu'il se présente comme un seul acte qui a son unité, qui n'existe que sous cette forme totale, qui ne peut pas être décomposé en plusieurs actes plus simples, susceptibles de se présenter isolément dans d'autres circonstances. Nous venons de parier du plan verbal dans lequel des actes de langage se mêlent à des mouvements des membres. À un commandement ou à une invitation, nous répondons extérieurement ou intérieurement par une formule verbale : "oui, j'accepte" et nous exécutons en même temps par des mouvements des membres l'acte demandé. Il y a une division de l'acte en deux parties, l'une verbale et l'autre particulièrement motrice, ces deux parties d'ailleurs sont déjà connues comme pouvant se présenter isolément. Cette complication tout à fait caractéristique des actes d'un niveau plus élevé n'existe pas encore dans l'acte que nous considérons comme réflexe au point de vue psychologique. Enfin l'acte simplement réflexe n'est pas modifié par ces régulations psychologiques qui caractérisent les sentiments : l'effort n'augmente pas normalement les réflexes pupillaires, la tristesse ou la joie ne le transforment pas directement.

Sans doute plusieurs réflexes provoqués simultanément par plusieurs stimulations qui agissent au même moment peuvent jusqu'à un certain point agir l'un sur l'autre. Mais cette action réciproque quand il s'agit de réflexes élémentaires consiste surtout en une inhibition de l'un de ces actes par l'autre qui accapare "la voie commune", comme, dit M. Sherrington. Les belles expériences de M. Pawlov sur les réflexes *conditionnels,* ont été faites le plus souvent sur des animaux supérieurs, elles nous présentent déjà des conduites intermédiaires entre les réflexes et les actes perceptifs. Un chien qui salivait quand de la viande était placée dans sa bouche a appris à saliver en entendant un coup de sifflet. Le réflexe de la salivation n'est pas modifié en lui-même, mais il se produit d'avance en relation avec une stimulation possible et future. Il en est de même quand l'acte de s'asseoir est déclenché à la simple vue du fauteuil. Il s'agit de ces associations de réflexes par un schéma perceptif que nous étudierons prochainement. Bien entendu, les combinaisons de réflexes en un acte nouveau qui n'est identique ni à l'un ni à l'autre des actes primitifs sont d'un niveau plus élevé encore, nous les retrouverons précisément à propos des actes intellectuels élémentaires.

Ces actes réflexes que nous considérons comme les plus simples des conduites psychologiques présentent sur la sensation de Condillac de nombreux avantages qui facilitent les études psychologiques. Ils ne sont pas comme la sensation des philosophes une conception abstraite, ils peuvent être étudiés réellement dans des conditions particulières sous une forme relativement pure. Les réflexes peuvent être constatés isolément chez les animaux les plus simples qui, probablement, n'ont pas d'autre forme de conduite psychologique : des mollusques, des insectes ne présentent pas d'autres conduites que la conduite réflexe. Les tropismes de Lœb ne sont qu'une forme particulièrement simple de certains réflexes. Il est probable que l'enfant très jeune, dans les premiers jours de la vie et peut-être même avant la naissance, dans l'utérus de sa mère, ne présente que des actes réflexes simples. Les premières actions de téter, d'uriner, d'expulser le méconium sont de ce genre. Les études sur les blessés de la colonne vertébrale avec des sections de la moelle épinière à diverses hauteurs permettent de constater sur les membres situés au-dessous de la lésion des mouvements réduits à la forme de réflexes psychologiques. Nous trouvons une étude complète de ces mouvements dans l'ouvrage de M. L'Hermite, La section totale *de la* moelle dorsale, 1919. Ces études si importantes sur les mouvements des membres après les sections de la moelle épinière ont été poussées très loin dans le beau livre de M. Sherrington sur les animaux décérébrés, *The integrative action of the nervous system*, 1910. C'est la nécessité de rendre les animaux tout à fait insensibles dans les expériences de vivisection montrées aux élèves qui a amené M. Sherrington à étudier les sections expérimentales de la moelle. Il a rencontré bien des difficultés pour conserver en vie de tels animaux décérébrés et il a été amené à étudier leur comportement ; ses études ont fait avancer beaucoup notre connaissance des actes réflexes élémentaires.

On retrouvera ces actes réflexes, mais sous une forme moins pure, chez les individus de l'espèce humaine que la maladie a réduits à une vie végétative. J'ai eu l'occasion d'étudier deux idiotes qui étaient bien au-dessous des animaux supérieurs et qui ne présentaient guère que des actes réflexes simples. On retrouvera de tels actes isolés dans les états de démence profonde.

Dès que l'enfant a dépassé les premiers jours ou les premières semaines de la vie extra-utérine, ses actes prennent ordinairement des formes plus compliquées et dans la description psychologique nous devons les placer à un stade supérieur. Le plus souvent le changement se fait par le phénomène de "la prise de conscience". Cette opération de la prise de conscience consiste le plus souvent dans l'addition d'un acte supérieur à celui qui était exécuté sous une forme inférieure. Nous avons souvent remarqué à ce propos que toutes les réactions du stade inférieur ne sont pas ainsi transformées en actes du stade supérieur. Une partie plus ou moins considérable de ces réactions continue à garder la forme inférieure. C'est ce qui donne naissance aux actes qui ont provoqué tant de controverses sous le nom d'actes subconscients. Nous savons que l'homme cherche à transformer en langage toutes ses actions, mais un certain nombre de ces actions restent non exprimées verbalement, et quelquefois même ne peuvent pas l'être, comme on le voit, en étudiant ce qu'on a appelé l'ineffable. Un acte subconscient n'est pas autre chose qu'une action qui a conservé une forme inférieure au milieu d'autres actions d'un niveau plus élevé : des croyances de forme élémentaire que nous avons appelées autrefois asséritives dans un esprit capable de réflexion peuvent souvent se présenter comme subconscientes.

Il en résulte que chez l'homme adulte et normal bien des réactions peuvent rester à l'état de réflexes, quelques-unes restent bien simples comme le réflexe patellaire, le réflexe pupillaire, mais en général leur étude demande des précautions car il faut se méfier de l'intervention toujours possible de phénomènes d'un ordre supérieur qui viennent compliquer ces réflexes.

Ce qui nous intéresse particulièrement, c'est que sous différentes influences la tension psychologique, le degré d'élévation moyenne des conduites d'un individu peuvent s'abaisser. Nous voyons cet individu rétrograder, revenir à des formes de conduites plus simples, plus anciennes qu'il avait dépassées. Il peut revenir, au moins momentanément, à de simples réactions réflexes, comme cela arrive dans l'accès épileptique le plus grave. C'est l'étude de tels phénomènes qui nous a amené autrefois à considérer les convulsions comme les formes les plus simples de l'activité psychologique réduite à la forme réflexe.

Cette réduction à la forme réflexe, au lieu d'être générale et de se présenter pour tous les actes d'un individu, peut bien plus souvent n'être que partielle et affecter seulement telle ou telle action particulière. La plupart des actes qui au début ont pris une forme supérieure quand ils ont été constitués pour la première fois, tendent à se dégrader par la répétition habituelle. Un grand nombre de nos actions habituelles, quand l'attention ne porte pas sur elles, se rapprochent à la longue des actes réflexes.

En résumé, l'acte réflexe sous sa forme la plus simple est le fonctionnement d'un organe déjà constitué par la vie et apparaissant tout formé à la naissance. Les premiers réflexes sont les réactions des organes déjà constitués et les réflexes acquis correspondent probablement à la formation de nouveaux organes. Les actes de l'alimentation, de la déglutition, de la respiration, de la miction, de la défécation sont constitués en même temps que les organes eux-mêmes. Leur origine se confond avec celle de l'organisme. Un petit nombre de réflexes sont acquis et résultent de l'activité de l'être quand elle prend au début une forme supérieure et quand elle crée à son tour des dispositions organiques qui se conservent sous une forme primitive.

3 - Les actes perceptifs.

Immédiatement au-dessus de ces actes réflexes se présentent dans le groupe trop confus des actes instinctifs des actes que nous pouvons appeler des actes perceptifs.

Les actes réflexes étaient déterminés par une stimulation sur les téguments et n'avaient pas d'autre effet que la modification de cette stimulation. Une irritation trop vive a lieu sur la peau, le membre s'écarte et cette irritation cesse ou diminue ; une lumière trop vive atteint la rétine et la pupille, en se resserrant, diminue la quantité de lumière qui entre dans l'œil. Les actions que nous appelons perceptives semblent déterminées par l'action des objets extérieurs et non plus simplement par des stimulations superficielles, elles cherchent à modifier ces objets eux-mêmes au lieu d'écarter simplement des stimulations sur la périphérie du corps. Un oiseau voit à quelque distance des grains sur le sol, il s'en rapproche, les prend dans son bec et les mange ; un renard entend à distance le bruit que fait une poule ou sent l'odeur d'un lapin, il court après la poule ou le lapin, les attrape, les tue et s'en nourrit ; un lapin poursuivi par un carnassier le fuit, court à son terrier et s'y réfugie. Dans tous ces actes, le point de départ est déterminé par un objet complexe, la proie alimentaire ou le terrier et l'acte aboutit à une utilisation de cet objet et à sa transformation : il y a adaptation à des objets et non simplement à des stimulations superficielles.

Il est vrai que cet objet détermine lui aussi des stimulations à la surface du corps : au point de départ des actes précédents il y a la vue du grain, l'odeur de la proie, la vue du terrier qui sont des stimulations de ce genre et qui sont suivies de leurs réflexes primitifs. Mais ces objets ne déterminent pas une seule stimulation à laquelle l'animal se bornerait à s'adapter, l'objet en détermine un grand nombre : le lapin poursuivi par le renard n'a pas seulement une odeur, il a un aspect visuel et surtout un goût quand le renard le mange. L'acte qui est déclenché par la stimulation initiale ne s'adapte pas seulement à cette stimulation, mais à toutes les autres que l'objet provoquera successivement, il s'adapte à des stimulations qui n'existent pas encore, mais qui ne surviendront que plus tard grâce à l'acte lui-même. Cette adaptation à un ensemble de stimulations futures et simplement possibles caractérise les conduites perceptives.

Pour bien montrer ce caractère de l'acte perceptif et le rôle de l'objet, il est utile de revenir un peu sur l'acte réflexe et de remarquer combien il est insuffisant pour assurer l'adaptation vitale. Les actions réflexes sont petites, de peu d'étendue dans le temps et dans l'espace, elles ne peuvent nous protéger que contre des dangers immédiats. Nous écartons le bras quand on nous pince mais seulement quand le pincement est déjà sur notre peau, la main qui avance pour nous pincer ne provoque pas encore le réflexe d'écartement quand elle est éloignée de la peau. Une protection de ce genre arrive souvent trop tard et ne préserve pas de la blessure. Pour parer davantage au danger il faudrait écarter le bras avant le pincement, faire une réaction préventive, ce que le réflexe ne semble pas capable de faire.

Le réflexe une fois déclenché ne peut plus être arrêté ni modifié dans sa direction, il ne peut S'adapter aux mouvements, aux changements de la cause offensive. Un individu qui tire un coup de fusil sur un oiseau ne l'atteindra pas s'il ne tient aucun compte des mouvements de l'oiseau ; le réflexe ressemble à ce coup de fusil, c'est une bombe qui éclate immédiatement sans se préoccuper des changements qui ont lieu pendant l'éclatement. Aussi l'action réflexe tend-elle à se compliquer et dans certains cas elle semble corriger ses défauts ; les réflexes peuvent se succéder l'un après l'autre d'une manière utile quand ils prennent la forme que l'on peut appeler celle des réflexes en cascade. Une première action réflexe détermine une modification du milieu, cette modification amène un second réflexe qui amène lui-même une nouvelle modification et ainsi indéfiniment. S'il se trouve que cette série de modifications du milieu et cette série de réflexes soient bien coordonnées et se développent dans la même direction, un résultat pratique peut être obtenu. On peut représenter cette série de réflexes en cascade par la figure 1.

Figure 1.

38

Prenons comme exemple la série de réflexes provoqués chez un animal par la faim ; le trouble organique a déterminé une agitation, un déplacement du corps. Ce déplacement du corps a mis en face de l'œil un objet mouvant qui, agissant sur la rétine, détermine un second réflexe, le déplacement de la tête vers cet objet. Ce mouvement de la tête permet à un effluve d'agir sur l'odorat, nouveau réflexe de mouvement de tout le corps vers l'objet ; maintenant notre animal court après sa proie ; ce mouvement met le museau de l'animal en contact avec cette proie, ce contact détermine le réflexe de l'ouverture de la bouche et à la suite, toujours en cascade, la mastication, la déglutition, etc. Grâce à cette série de réflexes en cascade l'animal a pu se nourrir.

Oui, mais à quelles conditions ? À la condition qu'il y ait une succession continue de hasards favorables. Il faut que le premier mouvement amène par hasard la vue d'une proie, il faut que le second mouvement déterminé par cette vision amène une excitation de l'odorat, il faut que l'acte réflexe déterminé par l'odorat amène un contact, etc. Pour que cette succession de rencontres se produise, il faut supposer un milieu excessivement favorable. On peut imaginer que la vie primitive se développe dans des mers remplies d'êtres vivants où le moindre déplacement de l'animal amenait la vue et l'odorat d'une proie ; dans ces conditions la vie a pu se maintenir par des réflexes en cascade de ce genre. Mais dans des circonstances moins heureuses, dans des milieux moins riches en proies nutritives, des hasards de ce genre ne se produiraient pas.

Quel est le progrès nécessaire ? Il faut une conduite qui à propos du premier réflexe amène immédiatement tous les autres comme si leurs stimulations étaient données. Admettez pour le moment que ces réflexes soient réunis les uns avec les autres comme on l'observe dans les réflexes conditionnels de M. Pawlow, et qu'il suffit de la première stimulation pour les déterminer tous successivement. Le chien de M. Pawlow salivait à l'odeur de la viande, il salive maintenant en entendant un coup de sifflet, comme si le coup de sifflet évoquait après son réflexe auriculaire propre le réflexe de l'odeur de la viande ; ces réflexes successifs sont unis dans une même action perceptive d'ensemble qui produit à la suite de la première stimulation le même résultat qui n'était obtenu que par la série des stimulations successives. On peut représenter cette conduite d'ensemble qui remplacera la série des réflexes par la figure 2.

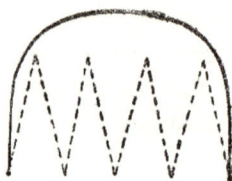

Figure 2.

Nous pouvons, avec M. Revault d'Allannes, donner le nom de conduite schématique ou de schéma perceptif à cette conduite d'ensemble qui amène plus ou moins complètement ou en abrégé cette série d'actions réflexes. Si nous laissons de côté les animaux sociaux chez lesquels ces conduites perceptives sont un peu différentes, on peut dire que la plupart des instincts des animaux sont constitués par des conduites schématiques de ce genre plus ou moins compliquées. Il est probable que chez le petit enfant des conduites de ce genre remplacent vite les réflexes primitifs. Au début, il fait le mouvement de téter quand le mamelon touche ses lèvres. Puis l'acte de téter deviendra plus complexe, il contiendra des mouvements de la tête et des bras et il sera déclenché par la simple vue de sa mère ou par un bruit particulier qui annonce la tétée. Le schéma perceptif est déclenché par l'une des stimulations qui jouent un rôle dans l'acte total.

On peut comprendre cette forme d'activité schématique en étudiant les erreurs très caractéristiques qui peuvent se produire dans son activation ; nous avons souvent étudié ces troubles des conduites perceptives sous le nom de "trompe-l'œil". Il est intéressant de rappeler ce phénomène parce que nous aurons à le rapprocher plus tard de la conduite si intéressante du portrait.

Le schéma perceptif qui est lui-même très précis et très systématisé est déclenché par une stimulation quelconque qui au début est très vague et qui peut faire partie de plusieurs objets différents. L'animal commence l'acte de la poursuite d'une proie déterminée à l'occasion d'une ombre qui passe sur sa rétine : cela peut être très adroit et dans bien des cas cela réussit. Mais cette ombre peut être celle d'un ennemi qu'il faudrait fuir ou d'un rocher qu'il suffirait d'éviter et l'animal commence tout de même un acte de poursuite qui peut amener sa perte.

Ce trompe-l'œil est si fréquent et si important que l'homme est arrivé plus tard à l'utiliser. Il a remarqué que certaines stimulations particulières amenèrent chez lui la conduite perceptive en relation avec l'éloignement de l'objet. Lorsque deux lignes droites au début parallèles semblent converger ensuite vers un point, nous commençons à faire les actes de poursuite à une grande distance. L'artiste qui peint un paysage nous présentera des routes dont les deux bords ne restent pas parallèles mais convergent vers un point du tableau. Nous aurons l'illusion de la profondeur et de la distance et l'artiste aura utilisé pour nous procurer cette illusion les lois du trompe-l'œil. Ce petit phénomène du trompe-l'œil met bien en évidence la nature de l'acte perceptif qui consiste dans le déclenchement d'un acte schématique complet à propos d'une stimulation partielle.

On peut dire que la vie psychologique d'un grand nombre d'animaux est composée d'un nombre considérable de ces schémas perceptifs qui constituent une partie essentielle des instincts. Sans doute ils peuvent entraîner une foule d'erreurs qui ont été bien relevées par tous ceux qui ont fait des expériences sur ces instincts et qui ont montré les erreurs que l'on peut provoquer en déterminant chez l'animal une de ces stimulations qui, d'ordinaire, dépendent d'un objet déterminé, mais qui dans ces cas ne lui appartiennent pas. Sans doute ces conduites schématiques devenues instinctives sont loin d'avoir l'efficience que nous verrons dans les conduites intellectuelles plus élevées, mais elles n'en sont pas moins bien supérieures aux simples réflexes. Elles permettent des conduites plus compliquées, aux effets plus lointains ; elles procurent une adaptation permanente et rendent possible, au moins dans certains cas, une certaine régulation de l'action, bien supérieure à l'explosion des réflexes.

4 - Les caractères des actes suspensifs.

Nous pouvons peut-être préciser un peu plus les caractères d'un acte perceptif ainsi constitué. Sans doute on retrouve dans ces conduites la régularité et le déterminisme qui caractérisaient l'acte réflexe. L'action est stéréotypée, car l'animal poursuit une proie, construit son terrier toujours de la même manière. Cette action peut être assez longue, un animal carnassier poursuit une proie pendant plusieurs heures, un oiseau met plusieurs jours à faire son nid ; il s'agit là d'une série de mouvements bien plus complexes que ceux de la mélodie kinétique des actes réflexes, mais la suite des mouvements reste toujours la même. Cette série de mouvements déclenchée régulièrement par telle ou telle stimulation déterminée est plus souvent peu variable. C'est même ce rigoureux déterminisme de l'acte instinctif qui est le point de départ des "trompe-l'œil", de toutes les erreurs que l'an peut déterminer dans les actes instinctifs ou modifiant les stimulations de l'action. Il n'en est pas moins vrai qu'il y a dans ces conduites perceptives des éléments de variabilité et presque de liberté beaucoup plus grandes que dans les réflexes. Ces conduites sont plus longues et pendant qu'elles s'accomplissent, l'animal peut recevoir d'autres stimulations qui changent l'action en cours. Tandis que le réflexe dépend d'une seule stimulation, l'acte perceptif en comporte au moins deux : la première au début qui est en quelque sorte préparante, car elle éveille et prépare l'acte schématique, le lance en quelque sorte dans une direction ; la seconde déchaînante, car elle détermine le passage à la consommation finale. L'odeur du lapin a déclenché l'acte de la poursuite et déjà le schéma total de manger le lapin, mais il faut le contact de la peau sur les lèvres pour amener la consommation de cet acte de manger le lapin. D'autres stimulations peuvent jouer un rôle dans l'intervalle entre celles-ci et peuvent modifier plus ou moins l'activation du schéma. L'odeur du lapin a déclenché l'acte de la poursuite, mais la vue d'un côté ou de l'autre change à chaque instant la direction de la poursuite. Ici intervient le rôle de l'obstacle qui peut faire naître d'autres actes schématiques qui inhibent plus ou moins le premier. C'est le point de départ de l'acte intellectuel du détour dont nous aurons bientôt à nous occuper.

Nous voyons bien ces complications dans des actes que nous avons autrefois étudiés longuement et que nous appelions les conduites perceptives de situation. Supposons qu'un renard veuille attraper une poule, il la surveille, veut se jeter sur elle : perception simple. Mais, en même temps, il voit le gardien du poulailler avec une fourche à la main, qui le menace ; il y a là une stimulation qui joue le rôle d'obstacle ; cette stimulation le dirige vers un sens opposé, vers la fuite. Il y a conflit entre les deux tendances, la poursuite de la poule et la fuite devant la fourche. Ce conflit se résout d'une façon ou de l'autre et, après un arrêt momentané, le renard peut revenir à la poule.

Sans doute je ne crois pas qu'il s'agisse tout de suite d'une conduite intellectuelle dans laquelle il y a régulièrement invention d'une conduite intermédiaire et nouvelle avec recherche de cette conduite. La combinaison des deux conduites est encore plus ou moins mécanique et consiste surtout en oscillations. Mais il n'en est pas moins vrai que ces conduites de situation vont devenir le point de départ des conduites intellectuelles.

Enfin il y a un caractère des actes perceptifs qui prend à nos yeux une grande importance. Le réflexe nous a paru un acte explosif régi par la loi du tout ou rien, une stimulation suffisait pour faire éclater toute la conduite réflexe dans de bonnes ou dans de mauvaises conditions. La nature essentielle de l'acte perceptif qui réclame deux ou plusieurs stimulations, les unes préparantes, les autres déchaînantes, supprime ce caractère explosif. La première stimulation ne suffit pas à elle seule pour amener la consommation de l'acte, il faut une seconde stimulation déchaînante. Le carnassier qui poursuit une proie ne se met pas à mordre et à avaler dès que l'acte de manger du lapin est éveillé par l'odeur. Il mordrait dans le vide et il n'arriverait à rien ; il ne fait des actes de ce genre que s'il y a des erreurs dues à un trompe-l'œil. Le plus souvent il est obligé de suspendre l'acte schématique qui a été éveillé par la première stimulation. Il ne l'abandonne pas complètement, car alors il oublierait la chasse et n'aurait plus l'attitude nécessaire à la capture de telle ou telle proie, il ne laisse pas la tendance à cet acte schématique retomber dans la latence. Comme il n'arrive pas non plus à la consommation, il doit maintenir l'activation de la tendance dans une disposition spéciale intermédiaire entre la phase de la latence et la phase de la consommation. C'est ce que, dans notre cours d'une année spécialement consacré à l'étude des phases de l'activation nous avons appelé la phase de l'érection. Dans cette phase la tendance éveillée, tirée de la latence, n'arrive pas à la consommation, mais reste cependant assez active pour diriger la conduite dans un certain sens et pour lui donner un aspect caractéristique de la tendance elle-même.

Cette apparition de la phase 'de l'érection ajoutée aux deux phases de la latence et de la consommation qui existaient seules au stade du réflexe me semble avoir une grande importance. Ce sera plus tard le point de départ de beaucoup de conduites intellectuelles, puis de la réflexion et de la mémoire. La phase de l'érection dans l'activation d'une tendance donne lieu à une manière bizarre d'agir : dans cette phase, l'acte existe d'une certaine manière au point d'être nettement reconnaissable et d'autre part il n'existe pas complè-tement puisqu'il ne détermine pas les mouvements extérieurs caractéristiques ; cet état d'érection d'une tendance va jouer plus tard un rôle considérable dans la pensée, qu'il serait bien difficile de comprendre si on ne connaissait pas cette forme particulière que peuvent prendre les actions.

Pour le moment cette phase de l'érection intervient dans certains actes instinctifs comme dans l'acte de faire le guet, de guetter une proie. Un animal, dont la vue ou l'odorat ont reçu une première stimulation amenant l'acte schématique de manger une proie déterminée, ne se met pas immédiatement à manger, ni même à courir, il reste souvent couché par terre, immobile sur le passage de cette proie. C'est là une conduite bien remarquable, car il est souvent important de se retenir d'agir et, comme on le dit vulgairement, il est bon de tenir son fusil chargé. La conduite n'est plus immédiatement explosive, c'est une bombe à retardement qui a été préparée par une première stimulation et qui n'éclatera qu'à une seconde stimulation provoquée par l'apparition de la proie à bonne portée. Mais cet intervalle entre les deux stimulations est rempli par un acte particulier, celui de l'attente qui est la transformation spéciale de la phase de l'érection.

Nous ne pouvons étudier ici complètement l'attente sur laquelle nous avons longuement insisté dans le cours sur la mémoire, publié en 1928. L'animal qui fait le guet n'a pas encore la mémoire proprement dite, mais il commence à savoir attendre, à faire des actions retardées qui sont, comme nous l'avons vu, le principe de la mémoire. Quand nous attendons la visite d'un ami, nous n'avons pas immédiatement la conduite qui consiste à recevoir cet ami et à lui parler, sauf quand il y a des erreurs et des précipitations dans la conduite difficile de l'attente. Mais nous ne sommes pas tout à fait inactifs et nous ne laissons pas complètement dans la phase de la latence cette conduite de la réception de tel ami, nous interrompons d'autres occupations, nous prenons une attitude spéciale. Nous conservons les actes de la réception d'une manière particulière et nous faisons cet acte spécial de l'attente qui est encore une forme de l'érection.

L'attente se complique par la recherche : cet acte de la recherche suppose que vous savez ce que vous cherchez, c'est-à-dire que vous avez déjà en érection la conduite que vous désirez avoir vis-à-vis de l'objet cherché. Mais, cependant, vous ne faites pas cette action complètement puisque vous n'avez pas l'objet sous la main. Vous ne vous habillez pas complètement si vous cherchez un de vos vêtements. Cet acte vis-à-vis de l'objet cherché est encore maintenu à la phase de l'érection comme dans une espèce d'attente. Mais vous ne restez pas immobile comme dans la véritable attente, vous n'attendez pas que ce vêtement apparaisse tout seul devant vous. Il faut que tout en maintenant l'acte en érection pour ne pas oublier ce que vous cherchez, vous fassiez autre chose. Une sorte d'agitation intervient pour favoriser l'apparition de l'objet cherché. La recherche est une complication de l'attente par des mouvements plus ou moins habiles pour favoriser l'apparition de l'objet qui permettra de consommer l'acte maintenu en érection.

On voit par ces quelques exemples combien la phase de l'érection, caractéristique des tendances perceptives, joue un grand rôle dans les actes instinctifs comme dans les actes plus élevés. C'est pour mettre en évidence l'importance de l'érection dans les actes perceptifs que nous avons souvent désigné ces actes perceptifs par le nom de *tendances suspensives*. Il s'agit en effet de tendances qui peuvent s'arrêter à différents moments de leur activation et qui peuvent rester quelque temps en quelque sorte suspendues sans aboutir immédiatement à la consommation complète.

C'est cette forme de l'action arrêtée à la phase de l'érection qui donne à nos perceptions leur aspect le plus commun. Quand nous percevons un objet, un fauteuil par exemple, nous disons qu'en le voyant nous savons ce qu'est cet objet, que nous le reconnaissons, mais nous croyons ne pas faire d'action à ce moment, car nous restons debout, immobiles en percevant le fauteuil. Il y a là une illusion, en réalité nous avons déjà en nous l'acte caractéristique du fauteuil, ce que nous avons appelé le schéma perceptif, ici l'acte de nous asseoir d'une manière particulière dans ce fauteuil. Toutes les études sur l'agnosie montrent bien que ce symptôme est toujours associé avec quelque forme de l'apraxie. Le malade qui ne sait plus du tout s'asseoir dans le fauteuil ne reconnaît pas l'objet pour un fauteuil. C'est parce qu'il n'a pas en lui l'éveil de l'acte caractéristique du fauteuil qu'il ne le reconnaît pas. Pour que ce fauteuil soit un fauteuil et non un livre il faut qu'un détail de l'objet éveille la tendance à s'asseoir d'une façon particulière.

Mais ce qui est remarquable, c'est que cet acte ainsi éveillé ne s'active pas complètement et qu'en fait nous ne faisons pas l'acte de nous asseoir, de même que nous ne mangeons pas immédiatement tous les objets que nous percevons cependant comme comestibles. L'acte caractéristique, l'acte schématique de cet objet reste à cette phase particulière que nous venons d'appeler la phase de l'érection. Ce sont ces schémas perceptifs éveillés à la phase de l'érection qui constituent, au point de vue psychologique, ce que nous appelons *les objets*. "C'est notre acte, disait M. Bergson, qui découpe dans la continuité du monde les objets que nous utilisons".

Le schéma perceptif éveillé et maintenu à la phase de l'érection contient d'abord les actes caractéristiques de l'objet, s'asseoir dans un fauteuil, boire dans un verre, manger avec une cuiller. Mais il est modifié à chaque instant par des caractères variables des stimulations qui nous parviennent. Aux mouvements caractéristiques de l'usage se joignent des mouvements de déplacement du corps nécessaires pour atteindre l'objet, c'est-à-dire pour pouvoir porter à la consommation le schéma perceptif. Ces déplacements sont variables dans leur grandeur et dans leur direction, ils ne font pas partie essentielle de la conduite de l'objet lui-même, ils viennent seulement la modifier, ils ajoutent aux caractères fondamentaux de l'objet un détail important, sa distance. Ces mouvements accessoires de déplacement ne sont pas les mêmes pour tous les objets : si je veux toucher cette lampe je dois faire un mouvement à gauche, si je veux prendre ce morceau de craie je dois faire un mouvement à droite. Ne cherchons pas pour le moment la signification de ces mots "droite, gauche", constatons seulement que ce sont des mouvements différents, qui contribuent à séparer les objets les uns des autres.

Parmi les objets qui sont ainsi séparés les uns des autres il y en a un qui joue un rôle essentiel, c'est l'objet que nous appelons notre corps, le corps propre. Celui-ci à bien des points de vue ressemble aux autres objets, mais il a aussi des caractères distinctifs très importants. Notre propre corps est déterminé comme les autres par nos conduites perceptives ; nous avons vis-à-vis de lui des conduites particulières, qui ne sont pas les mêmes vis-à-vis des autres. On remarquait autrefois que nous avons une sensation tactile double ; mais nous avons vis-à-vis de notre corps des conduites beaucoup plus simples : la première de toutes, c'est que nous ne le mangeons pas, nous ne le blessons pas, nous avons des égards pour lui. Il y a là un ensemble de conduites conservatrices qui ne sont pas les mêmes que pour le corps des autres. Si nous considérons les conduites de déplacement qui séparent les objets, nous remarquons qu'il nous faut un déplacement pour tous les autres objets, mais que seul le corps propre fait exception, c'est le seul objet que nous puissions toujours atteindre sans avoir à effectuer un déplacement.

Cet objet particulier, le corps propre, nous sert de point de départ, de point de repère pour apprécier la distance de tous les autres objets. J'emploie ici ces mots "point de départ, point de repère" qui se rattachent à des conduites intellectuelles que nous devons étudier prochainement, parce que, comme je l'ai dit bien souvent, l'observateur des faits psychologiques possède lui-même les actes supérieurs qu'il ne doit pas forcément retrouver chez les sujets et il doit s'en servir dans son interprétation scientifique sans les attribuer au sujet. C'est là une des difficultés de ce genre d'observations : nous y avons déjà insisté à propos de nos leçons sur la mémoire.

Le corps propre paraît séparé de tous les autres objets qui prennent alors un caractère nouveau, qui deviennent non seulement distants les uns des autres, mais des objets extérieurs. Sans doute cette extériorité des objets va jouer un rôle considérable dans notre vie psychologique quand elle s'opposera à l'intériorité des phénomènes de conscience après l'évolution des actes secrets, de la pensée intérieure transformée par des conditions sociales. Il n'est pas encore question de cette extériorité absolue, il suffit maintenant que les objets paraissent tous distants du corps propre qui a pris une importance particulière. Ce caractère de la perception est si net que dans les délires les phénomènes psychologiques qui semblent analogues à des perceptions prennent surtout l'apparence de l'extériorité ; nous l'avons déjà remarqué souvent à propos des délires de persécution.

Nous ne pouvons aujourd'hui, dans ce résumé rapide, étudier la longue évolution qui a peu à peu transformé un grand nombre d'actes réflexes ou conduites perceptives. Rappelons seulement que bien des conduites intermédiaires pourraient être constatées dans cette transformation. Les réflexes lointains dont parle M. Sherrington déterminent des réactions à des objets écartés du corps, des mouvements de déplacement de tout le corps antérieurs aux actes de consommation. Les réflexes conditionnels de M. Pawlov sont déjà presque complètement des schémas perceptifs. La stimulation devenue efficace donne naissance à une réaction complexe qui dépendait primitivement d'un autre réflexe, il y a déjà une association, une combinaison de plusieurs actions réflexes réunies par une conduite schématique. Il a fallu une longue évolution pour rendre ces transformations plus complètes et tous les instincts ont un long passé.

Il me semble peu probable que des réflexes conditionnels de ce genre aient été créés uniquement par des successions régulièrement fortuites de stimulations. Il faudrait un bien grand hasard pour remplacer l'action intelligente de l'expérimentateur qui aujourd'hui crée dans le laboratoire de tels réflexes. Il y a eu des mutations, des inventions qui ont perfectionné les réflexes comme les corps et qui ont créé ces caractères nouveaux de l'action, le schéma perceptif et la phase de l'érection.

M. Bergson sépare complètement l'intelligence de l'instinct et nous verrons, en effet, des différences importantes, mais cette séparation ne doit pas être exagérée. Nous savons d'ailleurs que ces actes de divers degrés peuvent se mêler. Nous venons de remarquer que par l'effet de l'habitude des actes supérieurs peuvent arriver à présenter des caractères du réflexe ; il est facile de voir de même que des actes qui ont pris la forme supérieure au début nous apparaissent ensuite comme des instincts.

Chapitre III
Les conduites sociales

L'étude des conduites sociales, surtout dans des sociétés humaines que l'on dit primitives quand elles sont en réalité d'un stade psychologique assez élevé, est aujourd'hui fort à la mode. Une thèse présentée surtout par Durkheim et qui a été reprise par beaucoup d'auteurs donne une origine sociale à la plupart des opérations intellectuelles et considère nos idées, nos jugements, nos classifications, nos principes de la raison comme d'origine exclusivement sociale. Il y a sans doute beaucoup d'exagération dans cette thèse qui ne fait pas une part suffisante aux inventions individuelles. Beaucoup de sociétés animales ont existé depuis des siècles sans parvenir aux conduites intellectuelles supérieures. Mais il y a cependant beaucoup de vérité dans ces affirmations simplement exagérées. Les conduites intellectuelles que nous avons à étudier se sont développées chez des hommes et même chez des animaux vivant en société et les animaux qui montrent le moins d'intelligence sont ceux qui vivent isolément.

L'analyse psychologique des conduites sociales nous montre un progrès sur les conduites perceptives et nous révèlent bien des éléments psychologiques qui vont jouer un rôle considérable dans les conduites intellectuelles. Faut-il en conclure que l'intelligence est uniquement un fait social et qu'elle s'explique uniquement par le fait de vivre en société ? Les actes d'intelligence contiennent des éléments sociaux parce qu'ils sont des actes supérieurs aux faits sociaux et construits sur ceux-ci. Si nous considérons des édifices assez élevés qui comportent plusieurs étages, il est bien évident que les derniers étages dépendent en quelque manière des étages inférieurs. Le second étage repose nécessairement sur le premier et présente dans son plancher des éléments du plafond du premier étage ; si celui-ci n'existait pas, le second n'existerait pas non plus. Mais on ne peut pas dire que toute la maison dépend uniquement des caves, car dans bien des cas ces caves peuvent exister seules sans qu'un édifice ait été construit sur elles, il faut ajouter aux caves bien des choses pour arriver aux étages supérieurs. Au lieu de répéter que l'intelligence dépend des conduites sociales, on pourrait aussi bien dire qu'elle dépend des conduites réflexes sans lesquelles l'être intelligent n'aurait pas pu vivre.

Le physiologiste pourrait aller plus loin et soutenir que l'acte intellectuel dépend de la vie du corps et de la vie du système nerveux. Cette exagération ne serait pas plus absurde que celle du sociologue. Disons donc seulement que la vie sociale et les conduites sociales sont des conduites psychologiques intermédiaires entre les conduites perceptives et les conduites intellectuelles et qu'elles ont préparé le développement de ces dernières.

Nous avons autrefois consacré toute une année, 1911, à l'étude des conduites sociales chez les animaux et chez les hommes et nous devons maintenant nous borner à rappeler dans ces conduites les caractères qui préparent les actions proprement intellectuelles.

1 - Les caractères des actes sociaux.

Si nous nous plaçons au point de vue psychologique nous ne pouvons pas caractériser les conduites sociales par le seul fait pour des animaux de vivre en groupe. Des animaux qui se déplacent peu peuvent être réunis par le hasard des naissances ou par des circonstances qui favorisent leur alimentation dans tel endroit. Il faut constater une certaine modification de ces conduites qui les distinguent des conduites perceptives précédentes. Ces conduites nouvelles peuvent elles aussi faire partie des instincts, mais il s'agit d'instincts d'un ordre plus élevé.

Les actes perceptifs étaient caractérisés par des adaptations à des objets séparés les uns des autres. Un certain schéma perceptif constitué par des séries de mouvements simultanés ou successifs était déclenché par une des stimulations émanées de l'objet mais restait le même pour un objet déterminé et s'il se transformait ce nouveau schéma donnait naissance à un objet différent.

Les conduites sociales qui se superposent aux conduites perceptives contiennent aussi, naturellement, ces premières adaptations à des objets qui sont ici des êtres vivants particuliers, le plus souvent de la même espèce que l'individu considéré mais qui peuvent être d'une espèce différente. Un animal social distingue ceux qu'il traite socialement des autres objets, des arbres, des rochers ou même des autres animaux et il a d'abord vis-à-vis d'eux certaines conduites perceptives. Mais s'il se borne à ces conduites perceptives il n'a pas encore de conduites proprement sociales.

C'est pour cela que j'hésite à fonder les conduites sociales sur le simple fait que les individus d'un groupe social ne s'attaquent pas d'ordinaire, ne se mordent pas, ne se mangent pas entre eux. Il y a bien des objets et même des êtres vivants que le même animal n'attaque pas et ne mange pas et qui ne font pas partie de son groupe social, vis-à-vis desquels il n'a pas de conduite sociale.

Il est plus délicat de se prononcer sur les conduites sexuelles et sur les conduites des parents vis-à-vis de leurs petits que l'on considère souvent comme les premières des conduites sociales. Il est possible que ces conduites sexuelles et parentales aient été le point de départ des conduites sociales mais elles ne sont pas elles-mêmes des conduites nécessairement sociales. L'acte sexuel ou même l'acte de la lactation peuvent exister comme simples réflexes psychologiques. L'objet sexuel, l'animal très jeune peuvent être de simples objets provoquant des schémas perceptifs particuliers. Il est possible qu'une certaine confusion entre le corps propre de la mère et le corps du petit qui a la même odeur et le même contact joue un rôle important : la mère se conduit vis-à-vis de ses petits comme vis-à-vis de son corps propre, elle les nourrit, les tient propres, les tient au chaud comme elle fait pour elle-même. Espinas a déjà proposé pour les soins pendant l'incubation une interprétation de ce genre [2].

Je ne considère les conduites sexuelles comme sociales que lorsqu'elles deviennent plus compliquées, par exemple quand le mâle courtise la femelle et quand celle-ci répond à ces conduites du mâle d'une façon particulière. Les conduites parentales ne deviennent sociales que lorsque aux simples conduites vis-à-vis d'un objet particulier s'ajoutent des modifications, par exemple quand le mâle et la femelle se partagent la besogne de l'éducation des petits.

Il y a en effet chez certains animaux des conduites nouvelles qui s'ajoutent au schéma perceptif et qui transforment l'objet. Pour désigner cet objet transformé vis-à-vis duquel un animal a des conduites sociales nous empruntons à M. Baldwin le nom de "socius" parce que les mots usuels, "semblable, prochain, compatriote" ont des sens différents et plus restreints. Il s'agit d'un être vivant de la même espèce ou quelquefois d'une autre espèce pour qui on a des conduites amicales ou agressives, peu importe, mais toujours plus complexes que les conduites perceptives et de nature particulière.

Ces caractères nouveaux des conduites sociales sont assez nombreux, mais nous ne devons, au début, n'en retenir qu'un seul qui suffira pour séparer ces conduites des perceptives. En plus de leur conduite vis-à-vis du socius considéré comme un objet particulier, avec schéma perceptif d'adaptation à l'objet tout entier, les animaux sociaux adaptent leur conduite aux actes particuliers du socius. Il s'agit, si l'on veut, d'une réaction à l'objet momentanément et superficiellement transformé par les actions qu'il accomplit. Un objet créé par un schéma perceptif doit rester toujours le même ou bien il se transforme complètement et provoque un autre schéma perceptif. Du pain reste toujours du pain et ne peut pas devenir du poison sans cesser d'être du pain et sans que soit modifiée définitivement toute la conduite perceptive. Un socius aussi peut devenir un ennemi sans cesser d'être un socius et même plus tard sans perdre son nom. Une vache se sauve toujours devant un lion

---

[2]   Cf. G. Davy, l'œuvre d'Espinas, *Revue Philosophique*, septembre-octobre 1923, p. 236.

qui pour elle n'est pas un socius, elle ne se sauve que momentanément devant une autre vache du troupeau qui la menace et continue à rester dans le troupeau avec cette même vache. Je dois modifier constamment ma conduite vis-à-vis d'un socius suivant son attitude et c'est cette adaptation à l'action du socius qui se présente sous bien des formes dans les conduites sociales et qu'il faut étudier pour les comprendre.

Il est plus facile d'étudier les conduites sociales chez les hommes et on a trop souvent considéré les sociétés de l'Australie et de l'Amérique du Nord comme primitives et comme représentant les premières formes de ces conduites. Cependant presque toute la vie sociale des hommes est déjà imprégnée d'intelligence, elle est déjà très compliquée non seulement par le langage mais par la croyance qui nous mettent immédiatement à un stade bien supérieur : les rites que l'on étudie sont le plus souvent des formes de conduites sociales transformées par le langage et la croyance.

On retrouverait peut-être ces conduites sociales primitives dans certaines maladies de l'esprit. Un article de M. Roubinovitch dans le *Traité de psychiatrie* de G. Ballet fait allusion à certains idiots qui ne savent pas parler mais qui ont déjà des conduites sociales. Ils aiment à être ensemble, ils s'associent dans quelques jeux ; on pourrait peut-être rechercher dans les démences des régressions intéressantes des conduites sociales. Mais il faut constater que de telles études sont difficiles et qu'elles ont été jusqu'à présent peu avancées. C'est surtout chez les animaux - à la condition de ne considérer ni les animaux trop inférieurs encore au stade perceptif, ni les animaux trop élevés chez qui l'intelligence élémentaire joue un rôle - que l'on trouvera très nettement les conduites simplement sociales.

Les premiers actes vraiment sociaux peuvent être groupés sous le nom d'actes *d'imitation*. C'est ce que Tarde soutenait quand il disait que "la société peut se définir une collection d'êtres en tant qu'ils sont en train de s'imiter entre eux ou en tant que sans s'imiter actuellement ils se ressemblent et que leurs traits communs sont la copie d'un même modèle" [3]. M.

Waxweiler disait aussi : "La société est caractérisée par la disposition à l'imitation à la palinethie qui se trouve dans les plus hautes sociétés comme dans les plus basses. La tendance au panurgisme, la tendance à emboîter le pas, à s'emballer sur un titre à la Bourse ou pour un général sur un cheval noir caractérise la société"[4].

Cette conception de Tarde a été critiquée : pour qu'il y ait des actes d'imitation, disait-on, il faut qu'il y ait déjà une société[5]. Cela est certain, mais les tendances proprement sociales ne se présentent pas dans les premières formes de la vie, elles supposent auparavant des tendances réflexes et des tendances perceptives, c'est-à-dire un grand nombre d'instincts qui ont rendu possible, dans certaines conditions, la vie en commun, plus ou moins durable ; c'est dans cette vie en commun que se développent des conduites nouvelles caractéristiques d'une vie sociale et ces tendances proprement sociales nous paraissent revêtir la forme des conduites de l'imitation.

La description des actes d'imitation est fort ancienne ; sans remonter plus haut, on se rappelle que les magnétiseurs français en étudiant les phénomènes de suggestion sont arrivés à se préoccuper de l'imitation et en ont fait des peintures bien vivantes. "Regardez paître un troupeau de moutons, disait l'un d'eux, ne dirait-on pas qu'un réseau invisible unit entre eux tous ces animaux et les entretient dans une parfaite communauté de mouvements et d'instincts ? Ils marchent ou s'arrêtent ensemble avec le berger qui les conduit ; tous le suivent ou se suivent à la file sans que jamais personne ait songé à leur faire une vertu de ce genre de fidélité. Qu'un pied d'herbe fraîche suspende la marche d'un d'entre eux, tous s'arrêtent à son exemple ; que le chien, au contraire, harcèle le délinquant, la frayeur que celui-ci éprouve se communique de proche en proche et l'émotion est générale. Tous les moutons enfin sont des moutons de Panurge"[6]. On doit rappeler aussi

---

[3] Cf Matagrin, *La psychologie de G. Tarde, 1900, p. 119.*

[4] Waxweiler, *Esquisse d'une sociologie,* Bruxelles, *1906, p. 150.*

[5] Baldwin, *Interprétation sociale, 1899, p. 473.*

dans le livre de Groos la description des jeux imitatifs : "L'instinct le plus important chez le jeune mouton qui se manifeste après l'instinct de téter est celui qui le pousse à suivre tout mouton qui s'éloigne" [7]. Cet auteur décrit ensuite un grand nombre d'oiseaux qui imitent non seulement le mouvement mais les bruits et les chants. Durkheim nous dit avec plus de précision : "Il y a imitation quand un acte a pour antécédent immédiat la représentation d'un acte semblable extérieurement accompli pour autrui sans que, entre cette représentation et l'opération, s'intercale aucune opération intellectuelle partant sur les caractères de l'acte" [8]. Cette définition de Durkheim me semble intéressante car elle met bien en évidence ce fait essentiel que c'est la perception de l'acte d'un autre qui semble régler l'exécution des actes de celui qui imite.

Cette disposition à faire le même acte quand on perçoit cet acte chez un autre a joué un grand rôle dans le développement de la vie sociale. Non seulement elle a rendu plus uniformes les actes des membres de la société et leur a facilité la vie en commun, mais en outre elle a rendu ces actes plus faciles, plus rapides et plus parfaits, car les actes les plus utiles ne sont plus inventés au hasard par chacun isolément, ils sont répétés par tous avec plus de facilité et de rapidité quand ils ont bien réussi chez quelques-uns. La transmission des actions qui ne pouvait se faire que d'une manière rare et très lente par l'hérédité se fait maintenant par l'imitation qui va préparer le commandement et l'instruction.

Cette imitation d'abord instinctive devient plus tard consciente et réfléchie, elle joue un rôle dans la sympathie et dans les jugements de ressemblance, comme disait déjà Malebranche, Sans doute Malebranche s'avance un peu trop vite quand il confond trop l'obéissance avec l'imitation et quand il fait intervenir les croyances dans l'imitation île, ;

---

[6] Teste, *Le magnétisme expliqué, p. 30 ; cf.* Perrier, *Journal du magnétisme, VIII, p. 58.*

[7] Groos, *Les jeux des animaux, 1902, p. 190.*

[8] Durkheim, *Le suicide,* 1912, p. 115.

esprits forts par les esprits faibles, mais il est vrai que les actes d'imitation sont au point de départ de l'évolution qui nous conduira aux actes intellectuels et aux croyances.

Le point de départ de toute cette évolution est la constitution de l'acte d'imitation chez l'animal qui imite et, il ne faut pas l'oublier, chez l'animal qui est imité. Il ne faut pas croire, en effet, que ce dernier soit absolument inactif dans l'acte de l'imitation. Non seulement il fait l'acte le premier sans attendre un modèle, mais il accepte, il tolère que les autres le suivent et répètent ses actions. Bien plus, dans bien des cas, il favorise cette imitation en se plaçant à la tête du troupeau dans la marche, en se mettant en évidence, en poussant au début de l'acte un cri particulier que les autres peuvent entendre. Il devient ainsi le meneur et semble percevoir l'imitation des autres car il en jouit et agit plus fortement quand il est ainsi en spectacle. Il y a dans ces conduites sociales d'imitation une action et une réaction réciproques qui modifient l'acte lui-même. L'essentiel est toujours que cette modification est déterminée par la perception de ce même acte exécuté par un autre.

Dans notre ancienne série de cours sur l'imitation, en 1911, nous étions disposé à chercher le point de départ de ces conduites dans un fait dont nous venons de signaler l'importance à propos dus instincts maternels dans la confusion du corps des autres avec le corps propre de l'animal qui imite. La perception d'un acte exécuté par un autre devenait en quelque sorte identique à un commencement de ce même acte par le corps propre. Cet acte éveillé ainsi de la latence et élevé à la phase de l'érection pouvait plus facilement se développer. Le réflexe kinesthésique qui, comme nous l'avons vu, maintient un acte commencé dans la même direction, contribue à maintenir cette activation. Je ne faisais intervenir que postérieurement, comme développements de l'imitation, les inventions relatives à la perception des actes des autres et la recherche d'une certaine ressemblance qui, évidemment, n'existent pas dès le début.

Ce rôle donné à la confusion du corps propre avec le corps du socius a été vivement critiqué dans un livre remarquable, celui de M. Paul Guillaume, *L'imitation* chez *l'enfant, 1925. M.* Guillaume fait surtout observer que le corps du socius n'est pas donné à l'esprit de la même manière que le corps propre. Celui-ci était connu par des sensations internes du mouvement, l'autre était fourni par des sensations visuelles et auditives tout à fait différentes, l'assimilation était impossible. On pourrait discuter un peu cette objection : le corps du socius n'est pas donné par des sensations, il est constitué par un schéma perceptif construit sur un ensemble de réflexes et le corps propre est probablement un schéma perceptif du même genre. On note souvent dans des états de délire ou de rêve la confusion de ces deux schémas. Mais je crois cependant l'objection juste : ces deux schémas portent sur l'ensemble du corps et ne donnent pas la perception des actes. L'enfant n'a de ses propres actes qu'une notion fort confuse et indirecte et il ne peut guère les assimiler aux actes des autres. La perception des actes des autres qui caractérise les conduites sociales résulte du développement même de l'imitation et n'en est pas le point de départ.

M. Guillaume proteste contre le nom d'instinct donné à l'acte de l'imitation [9], car il ne s'agit pas d'un acte simple, régulièrement donné sans acquisition personnelle de l'être vivant. On parle trop vite de l'instinct de l'imitation à propos d'une ressemblance des actes qui dépend seulement d'une identité de constitution chez la mère et chez l'enfant de l'identité des actes réflexes ou perceptifs chez les divers socii. Cette discussion qui n'a pas une grande importance roule entièrement sur la sens donné au mot "instinct". Si on décide de réserver ce mot pour des actes très élémentaires, très simples, très réguliers, peu variables et en apparence immédiatement acquis sans expérience personnelle, on peut dire que les actes des stades réflexes et perceptifs méritent seuls le nom d'instincts et l'imitation ne sera pas un instinct. Si on donne à ce mot une extension un peu plus large, en y

---

[9]   Paul Guillaume, *L'imitation chez l'enfant, 1925, p. 71.*

comprenant des conduites un peu plus complexes et variables, susceptibles de plus d'inventions et d'expériences personnelles, mais cependant à peu près identiques chez tous les êtres d'une même espèce, se développant de la même manière et au même âge et paraissant soumis à l'influence de l'hérédité, on pourra dire que l'instinct s'étend plus loin et englobe une grande partie des actes sociaux et l'imitation en particulier. C'est à cause du vague de ce mot instinct que j'ai distingué avec plus de précision les stades psychologiques élémentaires. L'essentiel est de retenir que l'imitation est un acte complexe qui n'est pas donné immédiatement avec le schéma perceptif du socius et qu'il comporte la construction d'actes particuliers d'un stade plus élevé.

M. Paul Guillaume prend pour point de départ de la conduite de l'imitation les actes que M. Baldwin décrivait sous le nom d'imitation circulaire, d'imitation de soi-même. "Le phénomène de l'imitation est caractérisé par une réaction telle que le mouvement provoqué par la première excitation provoque une nouvelle excitation analogue à la première et qui engendre à son tour un mouvement semblable... C'est une réaction qui tend à maintenir et à reproduire le processus d'excitation" [10]. Un enfant, décrit par Preyer, qui avait trouvé amusant d'ouvrir puis de refermer le couvercle d'une boîte, a répété cet acte 79 fois de suite. Ensuite, l'enfant s'intéresse à un objet extérieur, à la trace noire que laisse un crayon sur le papier et c'est cette perception intéressante qu'il cherche à reproduire par des tâtonnements et des sélections de mouvements en tenant au début le crayon n'importe comment. "Ce n'est pas l'acte en tant qu'ensemble de mouvements qui est imité, ce sont ses effets, seuls éléments sensibles communs au modèle et à la copie" [11]. Ce n'est que peu à peu que l'enfant s'intéresse au mouvement de la main qui tient le crayon, par dérivation de l'intérêt qu'il portait à la trace noire, puis au

---

[10] Baldwin, *Le développement mental chez l'enfant et dans la race*, 1877, p. 321, 941 ; cf. A. Forel, *L'âme et le système nerveux*, 1906, p. 34.
[11] P. Guillaume, op. cit., p. 117.

crayon. Si l'acte de manger est intéressant, la cuiller de vient intéressante et plus tard la main qui tient la cuiller. "La perception des mouvements du modèle ayant acquis par association la propriété motrice, elle la garde même en l'absence de l'objet dont le rôle éducateur est terminé." Il y a toute une évolution, toute une série de découvertes oui amènent la reproduction de la perception des objets, puis la reproduction des mouvements d'autrui.

Ces conduites se compliquent de plus en plus, elles amènent la connaissance des mouvements des autres et celle des mouvements du corps propre, elles aident à la connaissance et à la représentation "de la personne physique et morale qui se construit à l'image de celle des autres et qui réagit sur elle". En même temps l'individu qui imite apprend à être imité, à tolérer qu'un autre le suive et répète ses mouvements parce qu'il ressent dans cette perception de l'imitation une certaine excitation satisfaisante. Bientôt il arrive à rechercher cette excitation spéciale du "être imité" et il prend des attitudes qui favorisent cette imitation par les autres.

L'animal ou l'enfant parvenu à ce stade d'imitateur a une tendance à faire l'acte dès qu'il perçoit le commencement de cet acte chez le socius. Il imite des actes qui ne sont pas complètement exécutés, qui ne sont que commencés. Cette conduite va être le point de départ des conduites intentionnelles qui réagissent non seulement à l'acte, mais aux intentions des autres à peine manifestées. Elle va être le point de départ d'un phénomène qui va prendre plus tard une grande importance, l'expression, puis le signal. Nous désignerons par ce mot le début de l'acte déjà perceptible, déjà provocateur d'imitation avant que l'acte soit complet Nous aurons plus tard à insister sur la différence entre le signe intellectuel et ce signal simplement social ; nous n'indiquons ici que le début da signal. De même que l'imitateur apprend à réagir ainsi dès le début de l'acte, celui qui est imité apprend à insister sur ces débuts de l'acte et à transformer la simple expression en véritable signal.

Ces conduites d'imitation se perfectionnent en effet par l'effort conscient qui cherche à rendre l'imitation de plus en plus parfaite et qui va jouer un rôle dans la constitution de la ressemblance. Mais il ne faut pas trop confondre les conduites simplement sociales et les conduites intellectuelles élémentaires qui présentent bien des formes de transition. L'imitation se perfectionne, en effet, par l'effort conscient qui cherche à la rendre plus par. faite et qui joue un rôle dans l'édification de la ressemblance. Mais il ne faut pas rattacher tous ces perfectionnements à la seule imitation, car ils arrivent à sortir des conduites sociales et à prendre les caractères des conduites intellectuelles élémentaires.

Ces conduites d'imiter et d'être imité peuvent enfin se combiner : comme le dit M. Guillaume, "l'enfant traite d'autres personnes comme on le traite lui-même, en enfant, mais il est capable de renverser les rôles, de prendre le rôle des parents, des professeurs et d'enseigner ce qu'on lui a enseigné" (p. 161). Le jeu se prête, comme nous le verrons dans la prochaine étude, à une alternance des rôles, "l'agent devient le patient et l'enfant se perçoit dans la personne de son partenaire, dans le rôle qu'il vient de jouer. Ainsi se forme la notion de deux rôles, agir et pâtir, faire peur et avoir peur, consoler et être consolé" (p. 194). Nous voyons commencer ici le caractère double des conduites sociales qui me paraît très important et que nous avons déjà vu jouer un grand rôle dans les sentiments des malades persécutés [12]. Mais nous n'avons pas à insister sur ce caractère à propos de l'imitation, car nous allons le voir bien plus développé dans les conduites de la collaboration.

L'imitation, en effet, est le plus simple des actes sociaux et les conduites perceptives précédentes n'y sont que légèrement modifiées. Comme le disait autrefois Cabanis, un lion qui regarde un oiseau voler n'imite pas un vol, et Groos dit aussi : "un lionceau qui voit un poisson nager n'aura pas d'impulsion à nager"[13]. L'imitation, si on la considère seule, ne crée pas des actes entièrement nouveaux. Elle donne aux actes perceptifs une nouvelle stimulation très intéressante, la vue des actes du *socius* ; elle excite des tendances qui étaient à la phase de la

---

[12] *Journal de psychologie, 15 avril - 15 mai 1932.*
[13] Groos, *Les jeux des animaux, 1902, p. 74.*

latence et les fait monter à des phases plus élevées ; elle modifie plus ou moins leurs moyens d'exécution. Un mouton retiré du troupeau mange moins que s'il était resté dans le troupeau ; un enfant remue et joue plus activement s'il est avec des camarades qui courent comme lui. Plus tard des actes comme ceux du dessin et de la peinture sont effectués plus habilement en reproduisant les conduites d'un maître. Mais l'imitation laisse l'acte entier à peu près tel qu'il était : il s'agit, le plus souvent, dans les imitations simples, de manger, de marcher, de poursuivre une proie, ce qui existait déjà, moins parfait peut-être, dans les actes perceptifs. Il n'en sera plus tout à fait de même dans les actes sociaux plus élevés de la collaboration.

L'action sociale la plus importante, celle que je considérais autrefois comme caractéristique du stade social, est la *collaboration.* Les divers individus du groupe ne font plus tous ensemble exactement le même mouvement comme dans l'imitation : ils semblent avoir chacun une conduite particulière et différente, Mais l'ensemble de ces actions particulières amène un résultat unique et avantageux pour tous et détermine chez tous un même sentiment de triomphe. Ils semblent s'aider les uns les autres dans une tâche commune dont ils font chacun une partie différente. On peut prendre comme exemple la conduite d'une bande de loups qui attaque un troupeau de moutons : ils se divisent en deux groupes dont l'un attaque les moutons et cherche à en enlever un, tandis que l'autre, sans paraître se soucier des moutons, attaque le chien, le harcèle et l'occupe pendant que les *socii* prennent le mouton que d'ailleurs ils mangeront tous ensemble.

Cette division apparente des actions, malgré l'unité du terme, se retrouve dans toutes les sociétés un peu supérieures. Les fourmis ou les abeilles qui ne cherchent au fond qu'à entretenir la vie de la fourmilière ou de la ruche sont divisées en groupes distincts qui ont des fonctions différentes. Les unes s'occupent de la propreté de la maison, les autres de son approvisionnement, celles-ci du soin des larves, celles-là de la défense contre les ennemis, etc. Les exemples et les variétés de cette collaboration peuvent être multipliés indéfiniment.

Certains animaux sont capables non seulement de défendre le groupe mais de donner à un socius des soins particuliers. Dans la thèse curieuse de M. Bouchinet, Les états primitifs de la médecine, 1890, on trouve beaucoup d'exemples qui nous montrent chez les animaux non seulement un instinct de se soigner eux-mêmes, mais encore, quoique plus rarement chez des animaux sociaux, un instinct de se secourir les uns les autres. Ces actions de surveillance et d'assistance mutuelles, que nous avons étudiées autrefois se rattachent aux conduites de collaboration. Cette collaboration en effet peut prendre toutes les formes. M. Waxweiler y rattache toutes les formes "de connivence, de conjuration, de complot, de coalition, etc." Nous verrons plus tard comment cette collaboration engendre les actes si importants du commandement et de l'obéissance, comment elle donne -naissance au langage.

Des actes de collaboration de ce genre déjà bien complexes me semblent dériver de plusieurs conduites précédentes : ils présentent ce caractère des conduites perceptives qui ne sont pas entièrement déclenchées tout d'un coup mais qui ont besoin, pour arriver à la consommation, de plusieurs stimulations successives. Ils présentent aussi ce caractère que nous venons de noter dans les conduites sociales, c'est que l'acte entier, ou plutôt le schéma total de l'acte, est "éveillé par le signal, par les premières manifestations de l'acte chez les socii avant que l'acte soit réellement consommé. L'animal ne prend chez les soccii que ce signal de l'acte, puis il n'imite plus, il exécute l'acte à sa manière et y joint ses propres inventions. Dans l'acte d'assistance on peut admettre qu'une certaine attitude du socius affamé éveille le schéma de l'acte de manger. Mais l'acte de manger soi-même n'est pas le même que l'acte de faire manger un autre, il y a là une transformation et une invention à propos de l'acte primitif de manger. Ces exécutions partielles de l'acte total que chacun réalise à sa façon ont dû être très nombreuses et souvent très inefficaces. Nous verrons plus tard à propos de l'intelligence des singes que ces animaux essayent de faire une action en commun, mais qu'ils collaborent très mal et souvent se gênent les uns les autres. Beaucoup de ces actions particulières ont été éliminées, les plus utiles seulement, celles qui servaient réellement à l'œuvre commune ont été conservées.

Nous avions signalé autrefois, à propos de nos cours sur l'imitation, un livre curieux et amusant de Mme Mary Austin, La *psychologie du trou*peau [14]. Ce petit livre décrit d'une manière pittoresque certaines conduites des animaux dans les grands troupeaux. Nous savons que dans les troupeaux qui errent sur les montagnes, une certaine vache porte une cloche et marche toujours en tête. On ne l'a pas choisie pour cet honneur, elle s'est désignée elle-même ; car dans ces troupeaux il y a des animaux, toujours les mêmes, qui marchent en tête et d'autres qui ont l'habitude de suivre à la queue du troupeau. Cette habitude est si bien ancrée que l'on ne peut pas leur faire changer ces positions respectives, jamais l'animal qui s'est placé derrière ne consentira à marcher à l'avant-garde. Ce petit livre nous signale un cas embarrassant : le troupeau s'est engagé dans une impasse et se trouve devant un mur, il faut reculer et faire tête-queue. Mais cela est très difficile, car les animaux qui sont en queue ne consentiront jamais à se retourner et à marcher les premiers. Il faut que les animaux de tête qui se trouvent devant l'obstacle passent au travers de tout le troupeau pour reprendre la tête dans la direction opposée et que tous les autres animaux se retournent successivement. Cette disposition chez les uns à marcher les premiers et chez les autres à marcher à la suite est la première manifestation des tendances hiérarchiques qui vont se superposer aux conduites d'imitation et les transformer. C'est le point de départ de "la céphalisation sociale, c'est-à-dire des processus qui aboutissent à créer parmi les membres d'une troupe une subordination de la majorité des individus à une minorité ou même à un seul" [15].

Dans les sociétés plus simples que nous venons de décrire, les membres du groupe s'imitent les uns les autres sans qu'un

---

[14] *Science, n° 631, Revue scientifique, 1907, 1, p. 630.*
[15] E. Waxweiler, *Esquisse d'une sociologie, 1906, p. 221.*

individu particulier semble particulièrement désigné pour marcher le premier. Le rôle de chef ne paraît pas étroitement lié à l'individu : si celui qui jouait un rôle disparaît, un autre prend sa place et les autres animaux se comportent vis-à-vis de lui comme ils faisaient vis-à-vis du premier chef. Dans les sociétés plus élevées le rôle de chef est davantage lié à l'individu et à ses qualités personnelles et quand il disparaît il y a dans le groupe un manque et un désordre.

Cette acceptation de la supériorité n'est pas encore la véritable obéissance puisqu'il n'y a pas de commandement formulé par le langage, mais elle suppose cependant une conduite complexe de collaboration. Le schéma total de l'acte est subdivisé et le sujet considère l'acte du chef comme une partie de l'acte total et sa propre action comme une autre partie. Mais, en outre, il donne toujours à chacun une même partie et il se réserve à lui-même la conduite qui se rapproche le plus de l'imitation. La répartition s'est systématisée et nous voyons naître la distinction du chef et du sujet, des adultes et des jeunes, nous voyons se développer le dressage des jeunes qui prépare l'éducation et l'enseignement.

Cette distinction des rôles étant bien établie, l'attribution de ces rôles à l'un plutôt qu'à l'autre est loin d'être immédiatement fixée, elle n'est pas encore le résultat d'un instinct bien établi. Il faut que les différents membres du groupe reconnaissent nettement et continuellement l'un d'entre eux comme chef ou comme sujet et il faut que cet individu lui-même accepte cette situation et prenne l'habitude de jouer le rôle qu'elle comporte sans chercher à le changer. Dans certains cas cette répartition des rôles est déjà faite par des conduites précédentes des uns et des autres et elle est acceptée. C'est ce qui se passe, comme nous l'avons souvent remarqué, pour des individus âgés, faisant depuis longtemps partie du groupe, pour ceux dont la situation est en quelque sorte officielle, c'est-à-dire déjà admise par tous. Ces individus jouent leur rôle de chef ou de sujet d'une façon en quelque sorte automatique, sans action spéciale pour le modifier.

Mais dans bien des cas cette répartition officielle n'est pas encore faite d'une manière systématique et définitive ; les jeunes, les nouveaux venus dans le groupe, n'ont pas encore une place bien déterminée, ni aux yeux des autres, ni pour eux-mêmes. Il faut qu'ils prennent cette place, qu'ils sachent l'acquérir, la conserver et la faire reconnaître par tous. Certains individus acceptent facilement des places subalternes qui conviennent à l'état de leurs forces et à leurs sentiments. Mais un grand nombre ambitionne des situations supérieures qui paraissent présenter des avantages. Plusieurs cherchent à marcher en tête du troupeau quoique cette position ne puisse être Occupée que par un seul : l'un fait obstacle à l'autre. Les sentiments de l'effort de la colère interviennent dans la régulation de l'acte et une lutte commence pour obtenir des autres socii la situation prédominante. Cette lutte prend bien des formes, depuis la simple concurrence sexuelle, la lutte pour marcher en tête, jusqu'à l'effort pour provoquer l'admiration pour acquérir du prestige. "Il est douteux, disait Tarde, que les premiers chefs aient toujours régné par la force, la terreur ou l'imposture, leur pouvoir tenait plutôt du prestige et d'une sorte de don magnétique." Toutes ces opérations variées oui ont pour but d'acquérir et de faire reconnaître par les autres une place dans la hiérarchie sociale constituent ces conduites de valorisation sociale que nous avons si souvent étudiées.

Rappelons seulement que ces actes de valorisation sociale, comme toutes les conduites difficiles, peuvent présenter bien des troubles chez ceux qui les exagèrent, qui cherchent toujours à imposer leur domination et chez ceux qui n'arrivent pas à poursuivre assez loin ces luttes sociales et qui souffrent de tous les troubles de la timidité. C'est là, comme nous l'avons vu l'année dernière, le point de départ de bien des obsessions et de bien des délires. Cet acte de valorisation difficile provoque des efforts exagérés chez le dominateur et des peurs chez le timide ; il amène la réaction mélancolique de l'échec chez le persécuté, avec une disposition à l'objectivation sociale et intentionnelle qui est le point de départ des délires.

2 - Les deux éléments d'un acte social.

Ces conduites d'imitation et de collaboration nous permettent de préciser les caractères des actions du stade social que nous avons indiquées brièvement en débutant.

Les actions perceptives donnaient naissance à des objets particuliers ; les actes sociaux ont également créé un objet spécial que nous avons appelé le socius. Le socius n'est pas autre chose qu'un être vivant capable de provoquer chez certains autres êtres vivants ces actes de caractère particulier, les actions sociales.

De telles actions présentent un premier caractère qui les distingue des conduites perceptives. Celles-ci sont adaptées à leur objet dans son ensemble : le schéma perceptif éveillé par une des stimulations qui viennent de l'objet est déterminé une fois pour toutes et n'admet pas, sans changer complètement, des modifications importantes de cet objet. Comme nous le disons : "Du pain ne peut pas devenir du poison sans cesser d'être du pain et, sans que soit modifiée toute la conduite perceptive, un socius ami peut devenir un ennemi sans cesser d'être le socius et même sans perdre son nom" [16]. Au contraire les actes sociaux ne sont pas adaptés une fois pour toutes au socius, ils varient selon que se modifie ce socius lui-même. Cette modification du socius à laquelle les conduites sociales doivent s'adapter est constituée par ses actes et le premier caractère des actes sociaux consiste dans leur adaptation aux actes du socius, adaptations surajoutées à celles du schéma perceptif de ce socius qui subsiste. je dois modifier constamment ma conduite au cours même de l'action suivant la réaction qu'elle provoque chez le socius dont je suis obligé de tenir compte.

Il en résulte une certaine représentation de ces actes du socius qui s'est formée peu à peu par le mécanisme de l'imitation et toute action sociale comporte, outre l'action

---

[16] Cf. Les sentiments dans le délire de persécution, *Journal de psychologie*, 15 mars 1932, p. 232.

personnelle du sujet, cette représentation des actes du socius à laquelle il doit s'adapter. Dans l'acte perceptif, l'individu qui mange un fruit n'a pas à ce moment d'autre action que celle de manger ce fruit ; dans la conduite sociale, l'individu qui agit doit avoir en même temps la représentation des actes de réaction du socius qui constitue pour lui une deuxième action simultanée à la première.

Ce caractère double de l'acte social sera particulièrement visible dans l'acte du commandement que nous étudierons plus tard. Un acte commandé est un acte divisé en deux parties exécutées, l'une par le chef, l'autre par le sujet. Mais le chef ne peut pas ignorer la partie de cet acte exécutée par le sujet qu'il commande, qu'il surveille, qu'il récompense ou qu'il punit en raison de l'exécution de cette partie. Il doit donc maintenir simultanés un acte de commandement qui est la première partie de l'acte total et l'action de surveillance de la conduite du sujet qui obéit. "Cette complexité de l'action sociale, si visible dans le commandement et dans le langage, se retrouve dans toutes les actions sociales. Compatir à la douleur d'autrui ne consiste pas seulement à faire des actes pour le soulager, mais à répéter en dedans de nous-mêmes, à la phase de l'érection, les actes que nous ferions si nous avions la même souffrance. Plaindre et être plaint sont liés ensemble comme parler et être parlé, comme commander et obéir. On ne lutte pas contre un socius de la même façon que contre un orage, on mêle aux actes de la lutte la représentation des actes du socius, on pense qu'il nous combat en même temps qu'on le combat. On ne peut pas regarder quelqu'un sans avoir envie de prendre l'attitude que l'on aurait s'il nous regardait. On ne peut pas suivre quelqu'un sans la représentation qu'il fait l'acte de "être suivi". On ne peut pas mépriser, haïr, insulter quelqu'un sans la représentation qu'il se tient comme un individu méprisé, haï, insulté. Il n'y a pas de maître sans esclave, de professeur sans élèves, de père sans fils. Les conduites sociales ont pour une grande part contribué à la construction de notre personnalité, mais elles y ont contribué en nous donnant la personnalité du socius en même temps que la nôtre et ces deux personnalités sont restées toujours plus on moins mélangées"[17]. C'est ce caractère double des actions sociales auquel M. Baldwin faisait allusion quand il appelait ces actions "des conduites réciproques"[18].

Ce caractère double est si important qu'il complique beaucoup les souvenirs, les imaginations, toutes les représentations des actions sociales. Dans la perception, au moment même de l'action, nous discernons facilement quelle est l'action que nous faisons nous-mêmes et quelle est l'action qui appartient au socius. Mais dans les représentations de ces actes, cette distinction devient beaucoup plus difficile et donne lieu à beaucoup d'erreurs. La distinction dépend toujours de l'addition de certains sentiments qui donnent à l'action un caractère personnel ou un caractère étranger. Mais quand les sentiments sont éveillés d'une manière incorrecte, ils amènent bien des confusions dans "l'agir et le pâtir" si indissolublement associés. Des troubles importants comme les sentiments d'emprise et les délires de persécution peuvent en résulter.

Les conduites sociales ainsi caractérisées par la réaction aux actes du socius et par le caractère double de l'action ont été très utiles et ont permis un plus grand développement de la vie psychologique. Elles ont d'abord augmenté la portée et la puissance des mouvements : un individu au stade perceptif n'agit qu'autour de lui, dans un cercle limité et en proportion de ses forces ; associé avec beaucoup d'autres il agit beaucoup plus loin et beaucoup plus fortement. Une seule fourmi ne peut pas couper une branche d'arbre ; si elle est réunie à des milliers d'autres elle détruira des arbres entiers. En outre, un individu perceptif ne peut réagir qu'à des stimulations proches qui agissent sur ses organes des sens ; si un socius se trouve placé à la distance maxima à laquelle il peut se faire entendre, et si ce socius l'avertit, notre individu réagira à des stimulations beaucoup plus facilement.

Quelle que soit l'importance de ces progrès et d'autres du même genre, l'importance la plus grande des actions sociales

---

[17] *Journal de psychologie*, 15 mars 1932, p. 227.
[18] Baldwin, *Le darwinisme dans les sciences sociales*, 1911, p. 39.

consiste dans ce fait que la réunion des deux actions en une seule prépare les combinaisons intellectuelles.

Ces deux conduites différentes : marcher en avant et suivre, présentent chez les hommes bien des formes variées. Il est vrai que ces conduites humaines deviennent bien plus nettes et bien plus faciles à étudier quand on considère des hommes qui parlent : nous reprendrons cette étude après le langage, surtout à propos de la croyance. Nous devons seulement étudier ici la forme élémentaire que prennent ces actes à leur début en examinant quelques exemples.

Tandis que la plupart des actions considérées au point de vue social ont leur stimulant à l'extérieur, dans les actions et surtout dans les paroles des socii, certains actes paraissent spontanés et avoir leur point de départ en nous-mêmes. Il est probable que des évolutions de tendances qui arrivent à des phases de besoin et d'érection, des associations de souvenirs, de paroles, que tout un travail plus ou moins conscient éveille ces actes particuliers. Ces actes que nous appellerons actes d'initiative prennent souvent la forme des actes destinés à être imités, des actes de commandement. Sous le nom général d'actes inspirés nous comprenons au contraire toutes les actions qui ont manifestement une origine sociale, qui ont été éveillées par la vue de l'acte exécuté par un autre ou par le commandement de ce socius. Ils prennent, en effet, le plus souvent, la forme des actes imités ou des actes d'obéissance.

Nous retrouvons dans ces actes d'initiative ou dans ces actes d'inspiration le caractère double des actions sociales. Nous ne pouvons nous représenter notre initiative sans nous représenter en même temps que les autres ne font pas ou n'ont pas fait jusqu'à présent le même acte, qu'ils ont fait des actes différents qui, d'ailleurs, nous paraissent inférieurs aux nôtres, que, s'il font maintenant le même acte, ils le font par imitation ou par obéissance. En un mot nous n'avons pas un acte d'initiative sans nous représenter chez les autres un acte inspiré et nous pouvons nous imaginer chez l'animal qui marche en tête du troupeau et qui regarde en arrière pour voir s'il est suivi une complication de ce genre.

Les actes inspirés, qui semblent l'inverse des premiers, en sont si bien une partie que l'on ne peut avoir le sentiment d'inspiration à propos d'un acte sans se représenter en même temps que ce même acte est chez un autre un acte d'initiative qui devient un objet de notre imitation ou qu'il est un commandement reçu par nous. L'attribution à un de nos actes de la forme de l'initiative ou de la forme de l'inspiration dépend de la prépondérance donnée dans la représentation à l'un ou à l'autre de ces deux éléments et, par conséquent. de sentiments surajoutés. Comme ces sentiments sont des réactions secondaires ajoutées à l'acte, il faut nous demander pourquoi tel sentiment est éveillé de préférence et pourquoi il s'attache à l'une ou à l'autre partie de cet ensemble.

La conduite différente des animaux du troupeau se rattache à des caractères psychologiques fondamentaux qui distinguent les actes d'initiative et les actes d'inspiration. Les actes d'initiative peuvent présenter certains avantages et amener une certaine excitation qui les fait rechercher, mais ils sont toujours plus difficiles et plus coûteux. Tout acte nouveau exige une plus grande dépense de force. Les actes d'imitation plus simples et moins excitants sont beaucoup plus économiques. L'exemple de l'acte exécuté devant nous ajoute une excitation à la faible force de la tendance et rend la répétition du même acte plus facile. Cela est si vrai que des animaux accidentellement séparés du troupeau ne savent plus agir isolément ; leur acte n'étant plus précisé, excité par l'exemple du chef, n'ayant plus d'écho chez les autres bêtes du troupeau, devient beaucoup plus difficile et se montre au-dessus des faibles forces de l'animal isolé. Nous sommes forcés de constater que, même parmi les divers individus d'un troupeau, en apparence bien semblables, il y a des forts et des faibles. "Penser spontanément, disait Tarde, est toujours plus difficile que de penser par autrui, il y a comme un sommeil dogmatique, une magnétisation continue."

Il en résulte que les sentiments au moment où l'on agit d'une manière ou d'une autre ne sont pas les mêmes : il y a un sentiment d'effort et un sentiment de triomphe chez l'initiateur. Cette réaction de triomphe donne naissance à des idées et à des croyances de commandement obéi et, par conséquent, à des idées de puissance. En général, l'obéissance n'est pas accompagnée par les mêmes sentiments de triomphe, elle se présente plutôt avec un état d'indifférence et un sentiment de fatigue. Celui qui obéit constamment se sent mélancolique et vaincu : "J'obéis à tout le monde et au diable", disait une malade affaiblie.

Ces complications se montrent dans d'autres actions sociales auxquelles nous ne pouvons faire ici qu'une brève allusion. Chez les animaux les plus élevés, et surtout chez l'homme, se présentent les actes du *don* et du vol. Les hommes, et déjà quelques animaux, rattachent à leur personne des objets extérieurs : c'est le fait des appartenances. Celles-ci, au début, sont des parties de la personnalité et plus tard deviennent des propriétés rattachées à la personnalité par des conduites spéciales. Les hommes se conduisent vis-à-vis de ces objets comme-ils se conduisaient vis-à-vis de leur propre corps : ils respectent ces objets chez les autres et ne mangent pas leurs aliments, de même qu'ils ne mangeaient pas le corps des socii ; ils défendent les appartenances comme ils défendent le corps propre. Mais ils peuvent aussi par certains actes modifier plus ou moins les appartenances : faire un don c'est faire passer une appartenance personnelle à un autre, renoncer aux actes d'appartenance sur un objet et accepter qu'ils soient faits par un autre ; voler c'est faire l'acte inverse.

Ces actes du don et du vol sont des actes doubles comme les actes d'initiative et les actes inspirés : on ne peut avoir conscience de l'un ou de l'autre sans se représenter à la fois sa propre conduite d'appartenance vis-à-vis d'un objet et la conduite d'appartenance d'un autre à propos de ce même objet. Le changement d'appartenance dans un sens ou dans l'autre prendra l'aspect du don ou du vol suivant les sentiments surajoutés.

D'une manière générale les actes du don et du vol sont plus excitants, les actes du recevoir et du être volé sont plus déprimants. Quand un individu constate une modification de ses appartenances et quand cette modification prend un caractère social, il est très influencé dans son appréciation de la situation par les sentiments qu'il éprouve : s'il constate une diminution de ses appartenances en éprouvant de la joie, il croira volontiers qu'il a fait un don ; s'il sent une dépression il se croira volé. Cette intervention des sentiments dans des actions complexes peut amener des erreurs et nous avons déjà étudié bien des troubles bizarres dans les appréciations de la propriété.

Des actes sociaux très importants peuvent être désignés par ces mots : "le montrer et le cacher".

Ces actes que nous allons voir bientôt sous leur forme intellectuelle ont leurs débuts dans les simples conduites sociales. La mère montre de la nourriture à ses petits et la poule picore devant les poussins, le paon étale sa roue devant la femelle ; bien des animaux cachent leur nourriture pour que d'autres ne la mangent pas, comme l'avare cache ses trésors pour qu'on ne les lui vole pas. L'acte de montrer son corps, se montrer est souvent nécessaire pour courtiser la femelle, pour être choisi, être suivi, pour commander ; c'est la conduite du "être en public" ou du "être présent, être accessible aux perceptions et aux réactions des autres". Inversement se développe la conduite de se cacher qui a été au début une des formes de la défense la plus usitée. On se cache, on est caché quand les autres ne peuvent ni nous percevoir ni nous atteindre, quand pour eux on est absent. C'est ce qui détermine la conduite du "être seul" quand on échappe à la perception de tous les autres par la distance, par l'obscurité, par les objets opaques. C'est une conduite particulière voisine des conduites du "être deux, être plusieurs, être devant le maître, être dans la foule, être en public".

Une autre complication remarquable se présente quand ces actes de montrer et de cacher sont appliqués à nos propres actions et surtout aux commencements d'actions, aux actes en érection, aux sentiments. Il faut placer ici "les actes publics" qui provoquent chez les autres les attitudes de présence ; ce sont des actes accomplis devant les autres, à portée de leurs perceptions, de manière qu'ils puissent réagir pour nous aider ou nous arrêter. Ces actes sont devenus le point de départ du langage car on montre surtout dans le langage les gestes qui caractérisent le début de l'acte. La conduite qui consiste à cacher non son corps, mais ses actes, donne naissance aux actes secrets, aux intentions, aux pensées. Comme nous l'avons étudié dans le cours sur "la pensée intérieure", 1926, la pensée est la forme que prend l'acte du "être seul", l'acte du secret quand il est poussé à son dernier terme. Nous avons bien vu que cette propriété de la pensée d'être intérieure, de ne provoquer de réaction qu'en nous-mêmes n'est pas une qualité primitive de certaines conduites, mais qu'elle est une forme de conduite sociale lentement acquise au cours des siècles. Il est nécessaire de bien comprendre ce caractère actif de la conduite de la pensée, pour expliquer tous les troubles qu'elle peut présenter.

Toutes ces conduites sont des conduites sociales : dans l'acte du "être seul" entre encore la représentation des autres hommes et surtout d'une personne déterminée que l'on cherche particulièrement à éviter. Il ne s'agit pas du tout de la conduite primitive de l'isolement chez des êtres qui ont toujours vécu isolés ; il s'agit de la conduite d'êtres qui vivent en société, qui ont des attitudes spéciales devant les autres et qui, momentanément, suppriment ces attitudes. On se sent seul quand on se représente qu'on n'est pas surveillé, que l'on n'a plus d'égards à observer, que l'on simplifie sa conduite en se représentant les actes que l'on supprime. La conduite de l'intention et la conduite de la pensée n'existeraient probablement guère chez un homme qui aurait toujours vécu isolé, si toutefois on peut le concevoir. N'ayant aucune raison de cacher ses actes ou ses intentions, il n'aurait construit ni la conduite du secret ni la conduite de la pensée. Il pense et il a conscience de penser parce qu'il a en même temps la représentation de l'accueil qui serait fait à ses intentions, parce qu'il veut éviter la publicité.

Il résulte de ce caractère social que tous ces actes, aussi bien ceux de être seul et du secret que ceux de la publicité sont également des actes doubles comme le commandement et l'obéissance. On ne peut pas se sentir bien en public, se sentir perçu et compris sans se représenter l'attitude que les autres prennent vis-à-vis de nous et celle qu'ils auraient en notre absence, s'ils ne nous voyaient pas et ne nous comprenaient pas, puisque précisément on cherche à éviter cette dernière attitude des autres. On ne peut pas avoir conscience du secret de la pensée sans se représenter l'opinion qu'auraient les autres s'ils la pénétraient. Ici encore il y a une distinction difficile à faire entre deux termes toujours unis et qui ne prennent une valeur différente que par l'intervention des sentiments. Ces deux conduites publique et secrète ont chacune leurs avantages et leurs inconvénients. Suivant les circonstances et surtout suivant l'état des forces de l'individu, il préférera l'une ou l'autre et caractérisera l'une ou l'autre de ces conduites par des sentiments de joie ou de tristesse. Ces réflexions montrent un peu la complexité des conduites sociales, leur caractère double et le rôle des sentiments dans leur interprétation.

Après ces résumés un peu abstraits de nos anciennes leçons, un exemple peut mettre en relief les complexités que peut présenter la conduite d'un animal au niveau social et je vous rappellerai les prouesses d'un chien de berger. J'ai assisté dans les Pyrénées au travail d'un chien de berger tout à fait isolé pour rassembler un troupeau. Les troupeaux de la montagne sont souvent plus embarrassants que ceux de la plaine, car ils se composent d'animaux différents, de bœufs, de vaches, de moutons et surtout de chèvres, ces animaux capricieux et difficiles qui, à l'heure de rentrer, se plaisent à grimper sur des rochers inaccessibles. L'étable se trouvait sur un versant d'une vallée, parcourue au fond par un torrent, et le troupeau était dispersé de l'autre côté du vallon, au delà du torrent. Le fermier se posta sur un rocher du versant où était l'étable et envoya simplement le chien de l'autre côté, sans l'accompagner. Le chien dévala le versant, traversa le torrent et se trouva de l'autre côté, à plus d'un kilomètre de son maître qu'il ne pouvait plus entendre mais qu'il pouvait encore voir de temps en temps : il était seul, abandonné à son initiative. Pendant une heure il courut dans les bois, les prés et les rochers pour découvrir les bêtes une à une. Quand il en avait trouvé une, il se montrait à elle, la poursuivait et la forçait à descendre jusqu'au bord du torrent. Il eut beaucoup de peine avec les chèvres, et de temps en temps il gémissait au pied d'un rocher trop difficile à escalader et sur le sommet duquel la chèvre le narguait. Les bêtes rassemblées, il sembla les compter en en faisant le tour et en ramenant un animal qui s'égarait, puis il fit tout seul traverser le torrent par son troupeau et le conduisit sur le versant où était resté son maître. je ne vous ai pas dit qu'au début il y avait près du chien de berger un autre petit chien, encore très jeune et incapable de travailler. Ce jeune chien s'était arrêté avant le torrent et se bornait à suivre des yeux le travail de son aîné, comme s'il assistait à un cours. Quand le torrent fut traversé par le troupeau, le vieux chien cessa de travailler et il laissa le petit chien conduire les bêtes jusqu'à l'étable, ce qui était facile ; il remonta de son côté en flânant et se rendit seulement auprès du fermier pour réclamer quelques caresses.

On pourrait décrire dans la conduite de ce chien de berger la plupart des opérations de l'intelligence élémentaire que nous allons étudier : le détour, la production d'un travail et d'un résulta, prévu, la collaboration et la division des actes, le commandement et peut-être le début de l'enseignement. Ce qu'il cherche à faire, le schéma de l'acte total, est bien de faire rentrer à l'étable toute ses bêtes qu'il connaît ; il n'oublie pas cet acte puisqu'il finit par l'accomplir, mais bien souvent il court dans une direction tout à fait opposée, il fait en même temps d'autres actes tout différents et compliqués, il réagit sans cesse à de petites difficultés qui se présentent au cours de l'acte total. C'est bien là l'essentiel des actes de collaboration, des futurs actes de commandement bien différents de la simple action du meneur que nous étudierons plus tard chez le chien de chasse à courre. Nous sommes tout à fait aux débuts de l'intelligence et il ne s'agit cependant que des conduites sociales un peu perfectionnées qui nous serviront de transitions pour arriver à l'intelligence.

3 - Les cérémonies.

Je voudrais rappeler encore un autre fait social qui prendra une grande importance, celui des fêtes, des cérémonies qui existent déjà chez les animaux sociaux et qui va avoir un grand développement dans les populations humaines primitives. Le livre d'Espinas sur Les sociétés primitives, le livre de J.-C. Houzeau, *Les facultés des animaux comparées à celles des hommes*, le livre de Kropotkine, *Mutual aid*, nous décrivent beaucoup de ces réunions, les assemblées des hirondelles avant le grand voyage, celles des pies, des corbeaux, celles des singes qui font grand tapage en frappant sur des troncs d'arbres, etc. [19]. On trouve beaucoup de ces réunions chez les primitifs, elles existent encore aujourd'hui avec beaucoup de complications.

Durkheim, dans son livre sur *Les religions primitives*, a fait une description restée classique d'une de ces cérémonies, des fêtes de l'Ichtyschiuma chez les Australiens. Cette cérémonie est célébrée à la fin de la période sèche, quand la végétation va renaître et que les animaux vont pulluler. Ces populations sauvages interrompent leurs travaux ordinaires, ils font souvent de longs trajets pour arriver à se réunir ; costumés d'une manière spéciale", ils dansent et crient en commun dans une même enceinte. Puis ils absorbent tous ensemble une nourriture spéciale, chacun mange une pincée d'une poudre faite avec des chenilles desséchées et écrasées. Cette préparation de la cérémonie, cette sorte de communion que font tous ces individus en mangeant ensemble un peu du même aliment, leurs cris, leur tapage, leur joie tout cela se retrouvera dans la plupart des réunions populaires.

Ce qui caractérise ces cérémonies, c'est d'abord la réunion et l'effort pour se réunir, quand ils vivent d'ordinaire dispersés. C'est ensuite la communauté des actes souvent peu utiles en eux mêmes qui sont faits visiblement en vue de créer cette uniformité : ils sautent, ils crient tous ensemble de la même manière, ils mangent le même aliment. L'effort vers l'uniformité est si grand que l'on expulse les individus non conformes et que des gardes placés autour du lieu de réunion empêchent les étrangers de pénétrer dans le terrain réservé.

---

[19] Waxweiler. *Esquisse d'une sociologie, 1906, p. 89.*

Cet effort pour arriver à la prise de conscience du groupe est si frappant que Durkheim n'était pas loin d'admettre une sorte d'âme du groupe qui se constituait et qui acquerrait une vie propre. Nous n'osons pas aller si loin et nous ne constatons d'actions en rapport avec le groupe que chez les individus mêmes qui le constituent. Mais il est juste de remarquer chez eux des actions particulières en rapport avec l'uniformité des membres de la société, actions qui vont devenir le point de départ de véritables objets intellectuels comme le totem du groupe. "L'association pour la vie, disait Tarde, se nourrit de similitudes, on ne s'allie, on ne s'aime vraiment qu'entre semblables" [20]. Mais les similitudes sont rares et on peut les attendre longtemps si on se borne à profiter des similitudes fortuites. Ce qui caractérise les sociétés, c'est que les individus remarquent les similitudes quand elles existent, qu'ils les cherchent et qu'ils travaillent à les produire. Ce qui est aussi caractéristique dans ces fêtes, c'est l'excitation qu'elles procurent à tous ceux qui y prennent part. Les aliénistes avaient déjà signalé les phénomènes d'excitation dans les maladies mentales et, dans plusieurs ouvrages, j'avais montré le rôle de l'excitation dans le traitement des névroses et les recherches à l'excitation psychologique chez les malades [21]. Durkheim a voulu appliquer à l'interprétation des conduites cérémonielles des primitifs ces notions de psychologie pathologique. Il a montré que ces individus qui se réunissent de cette façon sont satisfaits et joyeux pendant la fête et qu'ils sortent réconfortés, plus capables qu'auparavant d'affronter le travail pénible et les luttes de la vie.

Cette excitation qui arrête les dépressions, qui soulève l'homme au-dessus de lui-même en rendant à ses actions de la force et de la tension est un phénomène aujourd'hui bien connu. L'excitation apparaît sous bien des influences : elle peut être consécutive à l'usage de certains aliments et même de certains poisons, elle est produite par le simple exercice de

---

[20] Tarde, *Revue philosophique, 1893, 11. p. 579.*
[21] *Les médications psychologiques,* 1919, III. Les traitements par l'excitation.

certaines actions, comme les mouvements violents et les cris. Mais elle apparaît surtout à la suite de certaines actions sociales et c'est là le point de départ de bien des recherches de la domination, de la direction ou de l'amour. Nous voyons ici cette excitation sociale sous sa forme la plus simple dans ces réunions et ces fêtes, elle dépend de l'imitation, de la conformité elle-même, des danses et des cris en commun. Comme disait Tarde, "c'est la foule qui se donne en spectacle à elle-même, qui attire et admire la foule". Durkheim a fait une étude intéressante sur les consolations de la tristesse par les réunions, les cérémonies bruyantes qui se font autour des enterrements. La douleur des parents du mort, au lieu d'être augmentée par les manifestations plus ou moins vraies de la douleur des autres, est diminuée par l'excitation que causent la réunion, l'imitation d'une foule considérable..

Un point sur lequel il faut insister, c'est que cette excitation par la *réunion ne* se produit pas ici d'une manière accidentelle comme cela arrive probablement dans des réunions d'animaux. Cette excitation semble avoir été plus ou moins constatée et recherchée, ces primitifs cherchent à la reproduire sans se rendre bien compte du procédé qu'ils emploient. Il s'agit, en réalité, d'un acte de jeu dont nous étudierons le mécanisme : on recherche une réaction de triomphe après des actions réduites, simples et peu coûteuses. L'intelligence sera plus tard le développement de ces premiers *phénomènes sociaux* qui amènent l'excitation et la joie.

Cette excitation sociale n'apparaît pas seulement dans les grandes fêtes où la foule est réunie, elle peut être procurée par des réunions beaucoup moins nombreuses avec des individus déterminés. Les hommes trouvent cette excitation dans les relations sexuelles, dans l'exercice de la domination sur un petit nombre de personnes, dans les compliments et les flatteries qu'ils reçoivent de quelques personnes. Ces individus, dont on attend le réconfort, forment un groupe distinct de la société complète dont nous venons de parler, nous les avons désignés sous le nom de groupe des familiers. L'année dernière, en étudiant les sentiments des persécutés, nous avons remarqué que ces malades, sauf dans les dernières périodes, n'éprouvent pas leurs sentiments d'emprise à propos d'une personne quelconque. Le persécuteur se recrute toujours dans ce groupe spécial des familiers. Il s'agit d'individus auprès desquels nous avons l'habitude de rechercher les excitations sociales, par la conversation qui est un jeu du langage, par des controverses qui sont des jeux de la bataille, par des dominations, des exigences de compliments et de caresses. Toujours nous attendons des familiers des conduites spéciales qui nous donnent des excitations et des joies. Le délire de persécution vient souvent d'un insuccès dans la recherche de ces excitations sociales. Les *réunions amicales* entre des individus déterminés commencent de bonne heure et préparent l'intervention de l'intelligence dans ces groupements sociaux.

C'est ainsi que le groupe se constitue psychologiquement : la réunion d'un certain nombre d'êtres vivants de la même espèce commence accidentellement comme conséquence de la génération ou des circonstances externes qui rassemblent ces êtres au même endroit. La société se forme ensuite par une séries de conduites qui transforment ces premiers rassemblements mécaniques en une *réunion psy*chologique formée et entretenue par des conduites sociales. Des réactions perceptives particulières analogues à celles du corps propre ont constitué l'homme distinct des autres objets et vis-à-vis duquel on a déjà des conduites particulières, puis de nouvelles conduites, les réactions aux actes et l'imitation qui sont les premières conduites sociales ont constitué le socius. On peut dire que les premières formes des réunions de ces socii ont été quelque chose d'analogue à ce que nous appelons aujourd'hui la foule : "Tous les visages ont le même masque, toutes les voix ont le même cri ; à voir dans toutes les figures l'image de son désir, à entendre dans toutes les bouches la preuve de sa certitude, chacun se sent emporté sans résistance dans la conviction de tous... Le corps social est véritablement réalisé, la représentation de la société survit à la réalisation de la société" [22]. La foule, sous cette forme inférieure, n'existe plus

---

[22] H. Berr, *La synthèse historique*, 1911, pp. 167-168.

guère aujourd'hui que sous forme momentanée à la suite d'une dépression générale.

Des actes nouveaux et plus précis se surajoutent aux premiers actes sociaux, en particulier les conduites hiérarchiques, les recherches de l'excitation dans les réunions publiques ou particulières qui sont des sortes de jeu des actions sociales. Ces nouvelles conduites donnent naissance aux sociétés hiérarchiques, dans lesquelles se groupent non seulement les compatriotes, mais encore les familiers. On a dit quelquefois que les sociétés étaient fondées par la force du groupe qui s'imposait à l'individu, comme Durkheim l'a quelquefois laissé entendre. Ce n'est pas très intelligible, car, pour que la société ait cette force, il faudrait qu'elle existât déjà. La société ne se forme pas non plus par la guerre, comme l'a dit Le Dantec. Elle se forme graduellement par une série d'actes inventés par l'homme, puis répétés, superposés les uns aux autres, parce qu'ils étaient utiles et qu'ils amenaient des progrès.

Chapitre IV
Les sentiments et le jeu

Une des modifications les plus intéressantes de l'action humaine qui se rattache étroitement aux conduites sociales, a donné lieu aux divers sentiments que nous considérons comme des formes de l'action. Le sentiment qui a joué un grand rôle dans les conduites intellectuelles élémentaires est le jeu et c'est sur lui que nous insisterons particulièrement.

1 - Les sentiments, régulations de l'action.

Les sentiments out toujours embarrassé les psychologues, surtout ceux qui s'intéressent avant tout aux actes et à la conduite, car on ne peut pas dire que les sentiments d'un homme soient chez lui des actions absolument comparables aux autres. Les actes sont caractérisés par les circonstances extérieures qui les provoquent et par les mouvements que nous exécutons : manger, se promener, parler, se distinguent bien de cette manière. Les sentiments, au contraire, peuvent rester les mêmes dans des circonstances différentes et quand les mouvements exécutés sont différents. Un homme peut être toujours triste indépendamment des actes variés qu'il exécute : il peut être triste en mangeant, en se promenant, en parlant. Inversement, un même acte, l'acte de se promener ou l'acte de parler peut être accompagné d'un sentiment tout différent. Un homme peut se promener avec fatigue, avec ennui, avec tristesse ou avec gaieté : quelque chose a changé en lui sans que l'acte ait véritablement changé.

Cette addition, ce mélange des sentiments avec des actions quelconques, montrent que le grand nombre des sentiments apparents dépend de la combinaison de quelques sentiments simples avez les actions précédentes du niveau perceptif ou du niveau social. Nous ne nous occuperons donc pas de l'amour ou de la haine qui sont des modifications des conduites sociales par des sentiments, nous ne nous occuperons que de quatre sentiments fondamentaux, l'effort, la fatigue, la tristesse et la joie.

Les explications de ces sentiments par de simples états de conscience ont toujours été plus ou moins vides et confuses : on se bornait à dire à peu près dans quelles circonstances un homme était triste ou joyeux et on empruntait aux poètes et aux romanciers des descriptions où se mêlaient aux sentiments une foule de choses étrangères.

C'est pourquoi, au siècle dernier, à la suite des travaux de W. James et de Lange, on s'est précipité un peu vite sur la théorie dite périphérique ou viscérale des sentiments. Ceux-ci n'étaient plus constitués que par quelques modifications des fonctions viscérales, de la respiration surtout, et de la circulation dont on avait cru constater la coexistence avec la conscience du sentiment. "Nous sommes tristes, disait James, parce que nous pleurons, *sorry because we cry*." Cette théorie qui a eu son heure de célébrité, parce que la mode joue un rôle dans les théories scientifiques comme dans la forme des chapeaux, est aujourd'hui en forte régression. On n'a guère pu vérifier exactement la coïncidence sur laquelle elle se fondait et on a constaté, au contraire, que toutes les perturbations viscérales pouvaient accompagner un sentiment quelconque. Les mêmes troubles viscéraux peuvent être font exagérés dans une foule de maladies physiques sans que les sentiments soient nettement modifiés.

J'ai été amené dans mon dernier ouvrage, *De l'angoisse à l'extase*, 2 vol. 1928, à présenter une autre interprétation des sentiments, capable de rendre des services pour comprendre les troubles des sentiments qui se présentent dans une foule de névroses et de psychoses. Les sentiments dépendent de fonctions qui jouent un grand rôle dans l'organisme, les fonctions de régulation. Il n'y a pas seulement dans l'animal une fonction de la respiration et une fonction de la circulation, il y a des appareils et des fonctions de régulation de la respiration ou de la circulation qui, suivant les circonstances et les besoins, augmentent ou diminuent la respiration et la circulation. Les actes des êtres vivants dépensent des forces, quoique la nature de ces forces psychologiques soit encore peu connue. Suivant leur nature, suivant leur complication et leur perfection ou parce que leur acquisition est plus ou moins récente, les actes sont plus ou moins coûteux. D'autre part, l'organisme qui doit exécuter ces actes a plus ou moins de ces forces psychologiques à sa disposition. Des régulations psychologiques tantôt augmentent la force dont dispose une tendance pour s'activer ; tantôt, au contraire, la diminuent, et surtout arrêtent, dans certains cas, l'exécution de l'action tantôt d'une manière, tantôt d'une autre.

Ces régulations de l'action ont un rapport étroit avec les conduites sociales et il semble probable que c'est au niveau des conduites sociales qu'elles se sont développées. Un grand caractère des conduites sociales c'est qu'il s'agit de réactions à des actes et non uniquement de réactions à des objets, comme dans les conduites primitives. L'homme apprend à réagir aux actes de ses semblables, de ses socii, comme disait M. Baldwin, et ensuite il applique cette conduite à lui-même et il apprend à réagir à ses propres actions.

Cette réaction à nos propres actions semble étrange, car l'action est plutôt faite pour réagir aux stimulations du monde extérieur ; mais notre action devient analogue à un objet extérieur qui détermine une réaction et il est probable que ces réactions à nos propres actions sont au début l'élément essentiel de la conscience. À chaque instant nous encourageons ou nous augmentons une de nos actions comme si nous nous disions à nous-mêmes : "il est important de faire ce travail, il faut le continuer coûte que coûte", c'est un langage analogue à celui que nous aurions en parlant à un enfant qui ne travaille pas assez bien ; ou bien nous arrêtons un de nos actes en nous disant à nous-mêmes ce que nous dirions à un voisin : "non il ne faut pas faire cela, ce serait bête et dangereux".

Les sentiments sont justement constitués par cet ensemble de réactions à nos propres actes et c'est de cette manière, en considérant les sentiments comme des régulations de l'action, qu'on peut leur donner une place dans une psychologie de la conduite et les expliquer de la même manière que les autres phénomènes psychologiques. Cette interprétation donne une réponse au problème que nous posait la nature des sentiments et leur différence avec l'action. Tous les sentiments, disions-nous, l'effort, la fatigue, la tristesse, la joie peuvent accompagner une même action et sans la transformer en elle-même lui donner seule. ment un ton différent. Inversement toutes les actions, même des actions très différentes les unes des autres, peuvent donner naissance à un même sentiment, prendre le même ton, tout en conservant leurs caractères distinctifs. C'est que des régulations différentes peuvent s'appliquer à une même action, de même qu'un ingénieur peut accélérer ou ralentir une même machine. C'est qu'une même régulation peut s'appliquer à des actions différentes, de même que l'on peut aussi bien provoquer l'accélération d'une automobile que d'un moulin. On peut manger avec ardeur ou avec effort, on peut être fatigué de manger, on peut s'arrêter de manger avec tristesse ou avec joie et ce que je viens de dire de l'acte de manger, on peut l'appliquer à la promenade, à la lecture, à une action quelconque. Cette interprétation générale des sentiments comme une régulation de l'action pourrait se rattacher aux conceptions de Spinoza, de Dumont, de Marshal, de Rauh sur le rapport des sentiments avec les forces de l'organisme : il ne s'agit pas des forces réelles de l'organisme, mais d'une appréciation de ces forces suivant la manière dont l'exécution de l'action se présente. Sous cette forme, cette théorie des sentiments peut rendre de grands services dans l'étude des troubles pathologiques qui les affectent si souvent.

Pour comprendre un peu comment s'opère cette régulation qui donne naissance aux sentiments, je vous conseille d'étudier particulièrement un trouble maladif très fréquent et à mon avis très important que l'on peut appeler l'état *de vide ou* le *sentiment du vide.* C'est un état pathologique très curieux, caractérisé par l'absence complète de tout sentiment ou par la seule persistance d'un sentiment de perte des sentiments.

Les malades semblent encore agir correctement et percevoir exactement les différents objets mais ils répètent : "je ne fais plus rien comme autrefois, je ne vois plus aucune chose comme je la voyais. Autrefois les objets et les actions étaient intéressants, ils me provoquaient quelque satisfaction, quelque plaisir ; maintenant, rien ne m'intéresse, rien n'a plus de valeur à aucun point de vue, rien n'est joli, mais rien n'est laid, tout est insignifiant, les objets n'ont plus de valeur". Alors le malade exagère de plus en plus cette négation de la valeur, il l'exprime de bien des façons, il répète : "les objets et même les actions sont des choses artificielles, ce ne sont plus des choses naturelles, c'est fait à la machine, cela ne signifie rien du tout". Ou bien ils disent : "les objets à qui je parle étaient autrefois des personnes mais il n'y a plus d'êtres humains, personne ne vit, je suis au milieu de morts ; tous les gens que je vois ont perdu la vie". Ils ne reconnaissent plus aux personnes qu'ils continuent à percevoir correctement les caractères sociaux qu'ils leur donnaient autrefois. "Oui, cette personne ressemble exactement à ma femme, on ne peut pas imaginer une imitation, un sosie plus parfait, mais ce n'est pas ma femme, ce n'est pas mon enfant". Ces malades terminent par des expressions bien typiques qui ont étonné autrefois et qui ont fait donner souvent à la maladie le nom de maladie du doute : "Rien de ce que je vois n'est réel, les objets n'existent plus, ce sont des ombres, des fantômes, des rêves, des choses tout à fait irréelles."

Pour comprendre un peu ces paroles étranges, rappelons un exemple que j'ai souvent discuté. Une jeune femme, mère de famille, raconte de la manière suivante le début de sa maladie, la première crise caractéristique. Elle était assise dans un fauteuil et regardait à ses pieds sa petite fille âgée de deux ans qui jouait sur un tapis. L'enfant s'avise d'une action fâcheuse : elle veut grimper sur une chaise du côté du dossier et tire sur le dossier de cette chaise pour se soulever. La mère de famille ne bouge en aucune façon, mais elle éprouve un sentiment bizarre : "le spectacle qui était sous mes yeux m'a tout à coup paru étrange, mystérieux, il me semblait que ce n'était plus une chose terrestre, de notre monde réel, mais quelque chose d'éthéré qui se passait loin de la terre". Et elle restait immobile en contemplation.

Dans le deuxième volume de mon livre sur *L'angoisse* et l'extase j'ai essayé d'analyser cette observation de sentiment du vide. Une femme normale qui assisterait à cette scène se serait précipitée sur l'enfant pour l'empêcher de tomber en arrière et de se blesser ; mais, comme disait cette jeune mère : "cette conduite je l'aurais eue la veille, mais à ce moment je n'ai pas bougé et je ne pensais pas à bouger, je voyais ce qui se passait, c'est tout, cela ne m'inspirait absolument rien". C'est cette suppression de la réaction maternelle, cette disparition de toute envie de cette conduite normale qui constitue le symptôme et qui fait naître le sentiment de l'étrange et de l'irréel. Cette supposition a été vérifiée dans un grande nombre d'observations du même genre.

Un individu n'a pas seulement une perception qu'il contemple comme s'il était au spectacle ; quand il est dans la réalité il. réagit à cette perception, il y ajoute une foule d'actions secondaires qui sont nécessitées par sa situation et par ses habitudes. Il est dans l'état de vide, et dans l'irréel quand à propos d'un fait réel il se conduit comme il le ferait au spectacle, quand il n'ajoute à la perception aucune action secondaire. La régulation sentimentale consiste essentiellement dans l'addition de ces actions secondaires qui, par leur présence, modifient l'action primaire, l'augmentent ou la diminuent, l'arrêtent de diverses manières.

La première de ces réactions, la plus simple, est une addition d'actions secondaires qui augmentent la force de l'action primaire : c'est le mécanisme de l'effort.

L'homme a été comparé bien souvent à une automobile qui n'a pas seulement un moteur fonctionnant toujours de la même manière, mais qui a aussi un accélérateur. L'acte secondaire qui a aussi une charge, une certaine force psychologique, ajoute sa force à celle de l'action primaire et en augmente la force et la vitesse. Un écolier travaille médiocrement, en travaillant une question de son programme ; il pense qu'il va être refusé à son examen et cette peur active son travail et détermine un effort.

Dans l'automobile, il n'y a pas seulement un accélérateur, il y a des freins, qui ont une action inverse et qui diminuent la vitesse de la voiture. Il y a dans l'organisme une réaction de ce genre qui est la conduite du repos. L'éveil de cette conduite du repos, par des modifications particulières de l'action, détermine ce ralentissement de l'action que nous appelons le sentiment de la fatigue. De même qu'il y a des individus toujours tendus qui font perpétuellement des efforts exagérés et inutiles, comme les obsédés, il y a des individus paresseux qui tendent vers l'inertie et qui sont continuellement dans un état d'inaction morose.

Une troisième réaction est plus grave, c'est la réaction de la grande tristesse, la réaction mélancolique. Ce qui la caractérise c'est la pensée catastrophique : à propos de toute action à peine commencée survient la pensée que cette action conduit à d'horribles catastrophes : "Si je laisse ma mère venir me voir dans la maison de santé avec l'enfant de mon frère, la voiture se précipitera contre un arbre et ils seront tous écrasés." La tristesse est, au fond, la peur de l'action, la réaction de l'échec perpétuel, la réaction du recul. L'automobile a aussi une *marche arriè*re ; la marche arrière chez nous, c'est la terreur de l'action que nous sommes en train de faire et le recul désespéré.

J'insiste un peu plus sur la conduite de la joie et sur la réaction qui la caractérise et que nous pourrons appeler la réaction du triomphe. Cette réaction est également comme la réaction précédente une réaction d'arrêt. Quand une action a réussi, quand elle a amené le résultat que nous désirions, il est inutile de la continuer, nous nous épuiserions pour rien, il faut l'arrêter. Mais cet arrêt après le succès est bien différent de l'arrêt mélancolique. Dans le sentiment de l'échec, le problème posé par l'action est loin d'être résolu, le danger est toujours le même, une action n'a pas réussi, il a fallu l'arrêter, mais on ne peut rester immobile, il faut inventer et recommencer Une autre action jusqu'à épuisement des forces. Dans le succès la situation est tout autre, le problème est résolu, il n'y a plus rien à faire. Le jeune homme qui vient d'échouer à un examen est forcé de préparer de nouveau cet examen ; celui qui vient d'être reçu non seulement n'a plus d'examen à préparer, mais il est libre d'oublier complètement tout ce qu'il a appris ; c'est là la résultat le plus net de la réception à un examen.

Cet arrêt, cette liquidation de tout le travail précédent amène un résultat très important, il rend disponibles les forces qui étaient employées à faire l'action précédente, à préparer l'examen, à retenir dans la mémoire ce qu'on avait appris. Ces forces n'ont plus d'emploi, on est libre d'en faire ce que l'on veut et la réaction du triomphe est surtout caractérisée par le gaspillage de ces forces.

Nous ne faisons aucune action sans une préparation de forces. Quand vous partez en voyage, vous prenez de l'argent à la banque et vous mobilisez des capitaux.

Les forces sont mobilisées de même quand vous commencez un acte et, tant que vous continuez l'acte, vous gardez ces forces mobilisées. Maintenant l'acte est fini, qu'allez-vous faire de ces forces mobilisées ? Théoriquement il serait sage de les remettre à la banque. Dans l'esprit il y a des banques, des placements de ces forces mobilisées ; vous pouvez les mettre en réserve. Mais on n'est pas toujours si sage et quand les forces sont mobilisées et qu'on sent de l'argent dans son portefeuille, dont on n'a pas immédiatement besoin, avant de le replacer on commence à le dépenser.

Il y a une réaction caractéristique du triomphe qui est le gaspillage. Le gaspillage n'est pas toujours mauvais, il a même des avantages. Quand on arrête le travail de l'examen et qu'on gaspille les forces préparées, il y a une foule d'organes fatigués, qui travaillaient mal parce qu'ils n'avaient pas de force, qui reprennent leur bon fonctionnement s'il y a une force plus grande.

Prenons un candidat qui se nourrissait très mal jusqu'à l'examen et qui va dévorer dès qu'il sera reçu. Toutes les fonctions de l'organisme participent à ce bénéfice, le corps se développe, tous les organes sont plus solides. Bien entendu, les fonctions psychologiques prennent leur part dans ce gaspillage de forces et quand il y a un succès et un triomphe, toutes nos fonctions sont meilleures ; l'individu qui a été reçu au baccalauréat, qui a abandonné le latin et le grec, se souvient mieux de ses amis et connaissances, des distractions qu'il prenait : une foule de souvenirs ressuscitent.

Nous avons étudié souvent une forme amusante de ces résurrections : dans certains états mélancoliques, des sujets qui avaient perdu un certain nombre de fonctions récupèrent dans le succès des forces qu'ils n'avaient plus, et déclarent retrouver leurs amis et leurs plaisirs. je vous ai parlé à ce propos d'une petite malade qui disait : "Oh, je vais beaucoup mieux, j'ai retrouvé Ernestine, mon amie, que je croyais avoir perdue dans la période de tristesse précédente [23]."

Le succès est donc une très bonne chose pour les hommes, il apporte une foule de forces à l'organisme. Il en résulte que les hommes aiment le succès, le triomphe et la joie, tandis qu'ils n'aiment pas la tristesse et c'est pour cela qu'ils cherchent à se procurer la joie de toutes les façons. Ces notions sur le triomphe et sur l'amour du triomphe vont nous permettre de comprendre ce phénomène psychologique si curieux, le phénomène du jeu.

2 -Le jeu.

Pour arriver à comprendre un peu les conduites intellectuelles, nous avons besoin de rappeler quelques notions sur les actes de jeu d'où elles sortent souvent et sur les sentiments dont le jeu n'est qu'une forme particulière. Un objet intellectuel au premier chef c'est le portrait, la statue qui au fond sont des objets bien bizarres. La statue d'un personnage, le portrait d'un ami, c'est d'un côté ce personnage, cet ami lui-même et nous avons devant le portrait quelques-unes des attitudes que nous avons habituellement devant l'ami ; mais d'autre part ce n'est évidemment pas lui, car notre ami n'est évidemment pas un morceau de papier : nous soulevons ce portrait, nous le mettons dans un tiroir, ce que nous ne pouvons faire avec l'ami : c'est lui et ce n'est pas lui. Eh bien, nous avons des conduites qui ressemblent beaucoup à celle-ci :

---

[23] *De l'angoisse à l'extase*, 1926, II, pp. 408, 424.

quand des enfants jouent à la bataille, il y a une bataille puisqu'il y a des combats et qu'à la fin il y a des vainqueurs et des vaincus, mais d'autre part on convient de ne pas se faire du mal les uns aux autres, ce qui est absurde dans une bataille, et à la fin aucun des belligérants n'est réellement supprimé ou exclus puisqu'ils fraternisent tous ensemble : c'est une bataille et ce n'est pas une bataille. Comme le portrait de l'ami était l'ami et ne l'était pas. Pour comprendre le portrait et plusieurs autres actes intellectuels du même genre nous avons besoin d'avoir présentes à l'esprit quelques notions sur le jeu.

À quoi reconnaissons-nous le jeu [24] ? C'est un ensemble d'actions, de mouvements des membres, de paroles, de combinaisons intellectuelles quelquefois considérables : les enfants qui jouent, remuent beaucoup, ils sont quelquefois couverts de sueur, comme s'ils avaient fait un grand travail. Les hommes et les femmes bavardent dans les salons, c'est toute une cérémonie ; la présidente de la réception, qui se reconnaît dans le salon à ce fait qu'elle n'a pas de chapeau sur la tête tandis que les autres darnes ont gardé le leur, surveille ses invités ; elle a peur que la conversation ne s'arrête, car la règle de ce jeu c'est qu'il y ait tout le temps une personne qui parle ; elle provoque celle qui n'a pas encore parlé et la pousse à lancer elle aussi sa petite chanson, je veux dire son petit discours : tout ce monde se donne beaucoup de peine pour parler. Les hommes, quand ils ont fini leur travail sérieux, jouent aux dominos, aux échecs, aux cartes et font encore avec peine une foule de combinaisons intellectuelles. Dans tous ces jeux on voit une activation de toutes les fonctions psychologiques.

Mais un grand caractère fort étonnant distingue ces actions de toutes les autres, c'est que ce sont des actions qui ne servent de rien. Considérons les jeux des enfants et en particulier le jeu de la bataille qui est si fréquent. La guerre, la bataille sont des actions sérieuses Îles hommes, elles ont un but : c'est de supprimer l'adversaire, on le tue, on l'écarte de la société de

---

[24] Sur les théories du jeu, cf. *De l'angoisse à l'extase, 1926, II, pp. 432-437 ; La force et la faiblesse psychologique, 1930, p. 147.*

manière à ne plus le rencontrer, en un mot le vainqueur doit supprimer le vaincu. Or, que font les enfants quand ils jouent à la bataille ? Ils ont une conduite vraiment absurde. Ils admettent au début une convention bien ridicule, c'est qu'on ne doit pas se faire de mal. Quelle singulière idée puisqu'on se bat pour supprimer, pour tuer l'adversaire ! Ce qui est le plus étrange c'est qu'ils tiennent leur parole ; après la bataille il n'y a ni morts ni blessés, personne n'est supprimé et ils vont tous manger ensemble leur goûter, sans aucune rancune. Les hommes qui jouent aux cartes et qui se battent aussi prennent la précaution de jouer entre eux des haricots secs ou des menues monnaies sans valeur. Leur jeu est l'acte de chercher à ruiner l'adversaire et ils ne lui prennent rien du tout. Les jeux sont donc de singulières actions dans lesquelles on fait beaucoup d'efforts en apparence absolument pour rien.

Cependant on constate que le jeu est très développé chez un grand nombre d'êtres vivants : nous admettons sans hésitation que les enfants des hommes jouent beaucoup, qu'ils ont des jeux de toute espèce et surtout des jeux avec des mouvements violents qui ne font rien d'utile, de grandes courses pour n'aller nulle part et pour rester en somme au même point. Chose remarquable, le jeu des enfants est une marque de leur intelligence et nous devons nous méfier d'un enfant qui ne joue pas : c'est souvent une marque d'arriération mentale.

Nous éprouvons plus d'embarras quand il s'agit des adultes, nous répétons souvent sans réflexion que les adultes ont joué dans leur enfance et que maintenant ils ne jouent plus parce qu'ils sont devenus sérieux. Défions-nous des gens sérieux ou qui se croient sérieux ; les adultes continuent à jouer énormément. On ne parle pas seulement des jeux de cartes, des dominos, des échecs, des dames et de la politique qui sont leurs jeux apparents et avoués. Mais ils jouent à bien d'autres jeux sans le reconnaître ouvertement. Ils mangent trop, ils boivent trop et d'une manière raffinée qui demande des efforts et qui ne sert absolument de rien. Nous jouons avec la parole, avec le raisonnement, avec l'enseignement même. Est-il bien certain que dans nos conférences, prétendues scientifiques, il n'y ait pas une part de représentation, de comédie, d'exhibition et que nous ne cherchions les uns et les autres à nous intéresser, à nous exciter, à nous amuser au fond, plutôt qu'à faire des découvertes scientifiques.

Il y a dans la vie humaine des actions à la fois physiques et morales qu'on appelle les actes de l'amour ; je n'ose pas dire tout haut ce que j'en pense de peur de provoquer l'indignation. Mais, en un mot, est-ce que l'amour humain est entièrement identique à l'amour des animaux qui font tranquillement leur petite affaire de temps en temps avec le premier individu du sexe opposé et qui ensuite n'y pensent plus ? L'homme a raffiné, là-dessus, plus que sur toute autre chose ; il a inventé des complications folles, des convenances, de la pudeur, des qualités esthétiques et morales et surtout il a précisé son choix sur une personne particulière sans laquelle il croit n'être plus bon à rien. On vient de publier de nouveau en français le livre célèbre du grand aliéniste viennois Krafft Ebing, complété par le professeur Moll, de Berlin, sur les perversions sexuelles et on m'a de mandé d'écrire pour cette nouvelle édition une préface. je me suis permis de dire que ces auteurs étaient beaucoup trop sérieux et qu'ils sont trop graves dans un sujet qui n'est pas si grave que cela. Il y a dans les conduites sexuelles une part énorme de jeu et de comédie : toutes ces conduites bizarres sont des tentatives pour s'exciter avec le sexe, comme on s'excite avec l'alcool et la morphine, et on ne les comprendra pas si on n'y met pas la part du jeu. Pour ne pas insister sur tous ces problèmes retenons que les hommes et les femmes adultes jouent énormément, seulement ils ont changé un peu la nature des jeux d'enfants ; nous aurons à chercher pourquoi.

Ce qui est curieux c'est que les animaux jouent aussi. Qui n'a admiré les jeux vraiment délicieux à voir du petit chat et même du jeune chien ? Vous connaissez un livre remarquable d'un auteur allemand, M. Karl Groos, Les jeux des animaux, 1902, qui montre chez une foule d'animaux ce qu'il appelle la pseudo-activité du jeu et qui montre le lien étroit de cette activité avec l'imagination artistique. je vous rappelle les travaux du professeur américain J. M. Baldwin sur le jeu qu'il appelle aussi une pseudo-action, une quasi-action. On connaît moins les travaux d'un Français, M. L. Gérard-Varet, 1902, sur le jeu chez l'animal et chez l'homme qui nous parle des relations du jeu et du rêve, ce qui me semble un peu exagéré. Mais j'ai déjà fait allusion aux manifestations intellectuelles des singes et des chimpanzés, en particulier, à propos des travaux si intéressants de M. Köhler. Il ne faut pas oublier que le chimpanzé est fort capable de jouer beaucoup. Ils jouent avec tous les objets qui sont à leur disposition, avec leur petit gobelet qu'ils s'amusent à remplir d'eau, à vider, avec tous les bouts de bois, de fil de fer, de ficelle, avec les pelures des bananes ; ils sont aussi satisfaits que possible en enfonçant un bout de fer dans une fente de bois ; en général ils se plaisent à déchirer, démembrer, briser, sans aucun intérêt pratique. Ils font des culbutes, marchent sur les mains, c'est-à-dire dansent sans avancer, en restant sur place, ou font des rondes autour d'un arbre, comme les enfants, avec une sorte de rythme. un des pieds frappant plus fort que l'autre. "Cela rappelle, dit M. Köhler, les cortèges des peuples sauvages [25]." En un mot, cet animal que nous avons jugé intelligent joue beaucoup comme les enfants.

Depuis longtemps les psychologues se sont efforcés de comprendre ce jeu singulier, cette action qui dépense réellement des forces et qui ne sert de rien. Une action est faite pour déterminer une certaine modification dans le monde extérieur et dans l'organisme ; on mange pour introduire un aliment utile dans le corps, on combat pour détruire un adversaire dangereux et pour conserver sa propre vie. Que peut bien signifier une action qui conserve la dépense de mouvements et qui supprime tous les bénéfices réels de l'action, n'est-ce pas une action en contradiction avec toutes les autres ? Aussi toutes les théories du jeu vont-elles avoir toujours le même caractère. Elles cherchent un résultat pratique du jeu, résultat que nous n'apercevons pas au premier coup d'œil, une utilité vitale du jeu qui doit exister puisque ce genre d'activité paradoxale s'est conservé et développé au

---

[25] Köhler, *L'intelligence des singes supérieurs, 1927, p. 302.*

travers des générations et qu'il existe encore chez les êtres vivants considérés comme les plus intelligents.

Une théorie qui a été longtemps prédominante est la théorie du jeu éducateur qui a été bien présentée dans l'ouvrage de M. Karl Groos dont je viens de parler et qui a été reprise plus tard par M. Baldwin. Tous les instincts qui existent latents chez l'animal à la naissance sont loin d'être à ce moment tout à fait développés, ils ont besoin d'exercice pour pouvoir fonctionner d'une manière parfaite. Le petit chat doit savoir attraper les souris, il s'exerce à ce métier en courant après des feuilles d'arbre. L'oiseau doit savoir voler, il s'exerce en battant des ailes d'une manière en apparence inutile. Le petit enfant doit savoir lutter et se défendre dans la vie, il faut qu'il apprenne à se battre. Dans cet apprentissage il risquerait de mauvais coups si la bataille était sérieuse, elle est transformée en jeu et on prend des précautions comme dans les exercices gymniques des enfants. Plusieurs auteurs comme M. Victor Dépasse [26] iront jusqu'à dire que le travail est sorti du jeu, ce qui me paraît un peu exagéré.

Cette théorie a eu des conséquences assez importantes dans la pédagogie, et à une époque récente on s'est imaginé qu'il fallait transformer en jeux tous les travaux des petits enfants et des écoliers. On a illustré de belles images les alphabets et on a essayé de transformer en comédies amusantes tous les enseignements. Il y a même eu une littérature et un théâtre qui ont eu la prétention de présenter la morale et la science d'une manière amusante : *castigat ridendo mores*.

Je ne suis pas bien sûr que le théâtre moralisateur soit bien amusant, ni que le théâtre amusant soit nécessairement très moral ; il y a là bien des illusions. Les enfants à qui on présente de belles images pour les faire apprendre à lire préfèrent le plus souvent jouer à autre chose. Mais le principe même de cette théorie du jeu soulève bien des objections. Est-il certain qu'un instinct ne puisse se développer que par des jeux de ce genre ? On a souvent observé que des animaux très jeunes conservés en cage, isolés, jusqu'au moment de l'éclosion

---

[26] V. Depasse, *Revue scientifique, 1903, 1, p. 577.*

de leurs instincts, les présentent d'un seul coup d'une manière complète. Des oiseaux conservés dans une petite cage savent parfaitement voler du premier coup. Les actes instinctifs sont imparfaits dans les premiers essais parce que l'instinct et ses organes nerveux n'ont pas encore tout leur développement. On n'a pas bien démontré que cet apprentissage soit nécessaire ni qu'il doive se faire sur cette forme du jeu. En effet, le jeu altère considérablement l'action, il en supprime le caractère sérieux, c'est-à-dire l'essentiel. Est-ce vraiment courir après une souris vivante pour la manger que de courir après une feuille morte que le petit chat n'a aucune envie de manger ? Il est certain que dans certains cas particuliers le jeu joue un rôle dans l'éducation qui s'en sert à l'occasion, mais qui ne l'invente pas.

Une autre hypothèse intéressante est celle qui a été présentée d'abord par le poète allemand Schiller, puis développé par Herbert Spencer. Le jeu serait une *décharge de* l'énergie psychologique surabondante, "overflow of energy". L'animal, surtout dans sa jeunesse, aurait à sa disposition une énergie trop considérable qui le gênerait. Comme cette énergie ne se dépense pas chez lui par des actes sérieux, il éprouve le besoin de la décharger à tort et à travers par des actes sans but, en apparence inutiles, mais qui servent au moins à dépenser des forces psychologiques surabondantes [27]. Les études très intéressantes de M. Claparède se rattachent en partie à cette conception : "le jeu permet une décharge d'émotion nuisible sous une forme non nuisible" ; l'auteur se place dans une situation intermédiaire entre les deux théories précédentes et sur bien des points les dépasse [28].

Cette théorie du jeu-décharge m'inquiète un peu : nous avons déjà étudié bien souvent les vraies décharges dans les convulsions épileptiques ou hystériques et nous n'avons pas constaté de jeu, ni d'amusement dans ces décharges. On se trompe souvent en disant que les états d'agitation qui se

---

[27] Cf. Paul Souriau, Le plaisir et le mouvement, *Revue scientifique,* *1889 ;* L. Gérard Varet, Le jeu chez l'animal et chez l'homme, *Ibid.,* *1902, 1, p. 485.*
[28] Claparède, Institut belge de pédologie, *1912.*

rapprochent des décharges sont des états de gaieté. Bien souvent on constate dans les états de manie aiguë le sentiment du vide bien plus que le sentiment de la gaieté.

L'observation de l'enfant oui joue ne me paraît guère favorable à cette interprétation. Voici un enfant qui sort d'une longue classe, il est fatigué et sans entrain. Vous dites qu'il va se décharger en jouant pendant la récréation, mais se décharger de quoi ? Il s'est déjà bien trop déchargé pendant la classe et je crains qu'il ne lui reste bien peu d'énergie à dépenser. Il se met cependant à jouer, d'abord avec une certaine peine, et quand il a joué pendant une heure avec une gaieté croissante il rentre en classe avec de bien meilleures dispositions. Il était épuisé à la fin de la classe, il est rechargé à la fin de la récréation par le jeu qui s'est montré tout le contraire d'une décharge.

3 - L'exploitation du jeu.

Dans mon dernier ouvrage, De l'angoisse à l'extase, où j'ai analysé tous les sentiments depuis l'angoisse la plus profonde jusqu'au bonheur de l'extase, j'ai essayé, sinon de présenter une théorie nouvelle du jeu, du moins d'attirer l'attention sur certains de ses caractères dont on n'avait pas assez tenu compte [29].

Un trait essentiel du jeu qu'il ne faut pas oublier c'est que le jeu est amusant. Le jeu, quand il est réussi, amène une joie d'une nature un peu particulière, mais qui n'en est pas moins une joie avec tous les caractères de la réaction de triomphe que nous venons d'étudier. Le jeu procure le sentiment du succès, l'arrêt de l'effort avec le gaspillage dans tout l'organisme des forces mobilisées, il procure l'augmentation des forces, le réveil des activités qui étaient somnolentes faute de forces, la récupération des souvenirs et des sentiments, les perfectionnements des actions et les inventions nouvelles. En un mot, le jeu nous procure tous les avantages d'une action

---

[29] *De l'angoisse à l'extase*, 1926, II, pp. 436-437.

réussie. C'est là, si je ne me trompe, le fait essentiel et c'est à cause de ce caractère essentiel que l'homme et l'animal se sont mis à jouer.

Tous les êtres ont senti les avantages de la joie qui vient après la réussite des actions et ils ont recherché ce Succès et cette joie. Comme il arrive souvent dans les industries, le produit secondaire, accessoire, est devenu plus important que le produit principal. On s'est bien souvent désintéressé du résultat principal et primitif de l'action, du terme réel de l'alimentation, de la marche et de l'amour, pour ne s'occuper que du résultat accessoire de la joie produite par le succès de l'action quelle qu'elle fût. Or, cette joie dépend de la réaction de triomphe et du gaspillage qu'elle déterminé des forces mobilisées pour l'action et il faut prendre quelques précautions pour que ce gaspillage et cette joie puissent être réellement avantageux. Pour cela il est nécessaire que toutes les forces mobilisées pour l'action ne soient pas toutes dépensées dans l'exécution de l'action elle-même, parce que, même si on arrêtait l'action, il n'en resterait plus rien à gaspiller. Bien souvent la victoire n'enrichit ni le vainqueur ni le vaincu, puisqu'ils se sont tous les deux épuisés et vidés pendant la guerre.

Pour que ces conduites puissent procurer un triomphe avantageux, il faut d'abord qu'elles soient économiques, qu'elles déterminent une dépense de forces aussi petite que possible. Si vous voulez avoir des bénéfices en revendant un titre à la Bourse, il faut commencer par ne pas l'acheter à un cours trop élevé. Pour économiser dans l'exécution de l'action il faut en supprimer le caractère trop sérieux, trop réel, car c'est le réel qui complique la vie et qui exige des dépenses de forces ; il faut une bataille où on ne tue pas, car tuer et être tué c'est trop sérieux, cela excite des tendances à la conservation de la vie qui ont de trop grandes forces et qui, mises en activité, nous ruinent.

Mais, cependant, il ne faut pas trop réduire l'action et lui enlever trop de réalité, car elle n'aurait plus d'intérêt et ne mobiliserait plus assez les forces de l'organisme, et quand on ferait l'arrêt de l'action il n'y aurait pas de gaspillage.

Prenons comme exemple ces personnes qui jouent aux cartes. Quelquefois elles se contentent de jouer des haricots secs : c'est un procédé qui a l'avantage de ne pas dépenser. Mais il y a des joueurs qui diront : "Non, si on ne joue que des haricots secs, je ne joue pas bien et quand je gagne, je n'ai pas de triomphe." Cela veut dire : "je n'ai pas mobilisé assez de forces et quand je gagne, je n'ai pas de gaspillage. Mettez un sou, pour avoir l'air de gagner de l'argent : alors cela excite mes tendances au commerce, je mobiliserai des forces et quand j'aurai gagné, je serai beaucoup plus content, parce qu'il y aura un gaspillage des forces."

Il faut donc que l'action ne soit pas trop grave ni trop petite ; il y a des précautions à prendre et on a employé le mot "s'amuser" pour désigner ces triomphes en quelque sorte artificiels, parce que d'ordinaire le triomphe et les vraies joies surviennent après les vraies actions exécutées jusqu'à leur consommation réelle, tandis qu'ici le triomphe se produit avant la consommation véritable et sans les dépenses qu'elle réclame ; il s'agit d'un triomphe prématuré et préparé par des précautions spéciales.

Or ce sont tout justement ces précautions qui constituent le jeu ; la règle du jeu de la bataille c'est de ne pas se faire de mal pour que les combattants ne dépensent pas trop de forces dans l'attaque ou dans la défense. Nous avons remarqué que les jeux des adultes ne sont plus les mêmes que les jeux des enfants ; c'est parce que les forces des adultes et des vieux ne sont plus les mêmes que celles des enfants, cela fatiguerait trop les vieux de jouer à la balle ou au chat perché ; ils ont transformé le jeu de la balle en un jeu de golf qui est plus calme.

En même temps on prend des précautions pour que le jeu reste sérieux, on joue des fiches, mais on imagine que ces fiches représentent des millions. Quand on fait jouer des enfants on promet un gâteau au vainqueur et on lui décerne des félicitations.

Le jeu, comme j'ai essayé de le montrer, est une exploitation intelligente du phénomène du triomphe qui termine les actions réussies. Les animaux et les hommes commencent par dépenser un peu dans une action bien organisée pour être aussi économique que possible et ils tirent de la réussite de cette action facile tous les bénéfices possibles. Il y a ainsi dans la vie un grand nombre d'actions qui sont des spéculations de ce genre, le sommeil, les cérémonies, les dîners, les boissons alcooliques et même, si j'ose le dire, les passions de l'amour : toutes ces conduites sont des jeux et des spéculations plus ou moins heureuses.

Il est bien probable que cette conduite bizarre qui n'existe pas chez l'animal primitif, ni chez l'idiot, a commencé d'abord d'une manière fortuite à l'occasion de ces "trompe-l'œil" dont j'ai montré l'importance dans la théorie des perceptions. Puis elle s'est développée à cause de ses grands avantages et elle a été recherchée activement quand se sont développées les régulations de l'action. Les animaux puis les hommes ont appris à jouer avec toutes les tendances, à tirer parti pour les triomphes prématurés de l'alimentation, de la boisson, de l'amour, du combat, de la parole, etc. et toutes les conduites de l'art sont sorties de ce jeu perfectionné.

Ainsi entendu Comme une exploitation du triomphe, le jeu s'introduit dans toutes les fonctions psychologiques, et cette recherche de l'enrichissement facile, de l'excitation, transforme la conduite ; le fait de savoir jouer est un fait vraiment intelligent, c'est un moyen d'augmenter nos forces, et de les augmenter naturellement par un développement de l'organisme ; c'est un des éléments de l'évolution humaine. C'est pourquoi ce jeu va intervenir dans la création de toutes les fonctions supérieures, et l'homme n'est arrivé à la science et à la philosophie que parce qu'il savait jouer.

Deuxième partie

Les premiers objets intellectuels

Chapitre I
La direction du mouvement et la route

Pendant que se développaient ces conduites sociales, grandissaient également chez les êtres vivants d'autres conduites que l'on peut réunir sous le nom de conduites de direction. Les directions les plus élémentaires se présentent déjà chez des animaux assez simples, les directions les plus complètes qui aboutissent à l'établissement de la route, de la grand'place, de la porte sont plus tardives. Quoiqu'il soit impossible d'établir des coupures nettes dans une évolution aussi continue, elles inaugurent le stade que nous désignons sous le nom de stade de l'intelligence élémentaire.

1 - Les premières organisations du mouvement.

La science du monde physique explique tous les phénomènes physiques ou chimiques par des mouvements, mouvements des astres, mouvements des corps, mouvements des atomes et même des électrons dans l'atome. Il me semble probable que la science psychologique doit expliquer tous les faits qui se passent dans l'esprit comme des actions, des mouvements de notre corps. Ces deux catégories de mouvements, le mouvement de la lune ou le mouvement d'une feuille morte emportée par le vent et le mouvement d'un animal qui se déplace, sont-ils exactement les mêmes ? J'en doute. Une belle thèse de philosophie et de métaphysique pourrait avoir pour titre "Étude sur un petit chat qui joue avec une feuille morte". L'auteur aurait d'un côté le mouvement physique de la feuille morte emportée par le vent et de l'autre le mouvement si gracieux du petit chat qui court après la feuille et qui la relance. Ce serait un beau travail qui aborderait peut-être les questions du déterminisme absolu et de l'indéterminaison relative du futur. Mais aujourd'hui ce sujet est trop beau pour nous et nous n'aborderons que l'un de ces mouvements, le mouvement du petit chat devant une tasse de lait. Le petit chat est en A et il désire boire la tasse de lait qui est en B ; le passage de A en B sera le trajet et la ligne que trace sur le sol ce trajet ; la forme de ce trajet sera la direction.

Cette direction de A en B est des plus importantes, car si le petit chat avait marché vers C il n'aurait jamais eu son lait. Si pour venir faire des cours à Buenos-Aires, je m'étais dirigé vers l'Angleterre et si j'avais traversé la Manche au lieu de l'Atlantique, je ne serais jamais arrivé. La direction est si importante qu'on l'applique même en dehors de la marche dans l'espace, on l'applique à la conduite des affaires et à l'organisation de la vie et nous disons vulgairement d'un homme qui a réussi, qu'il a bien dirigé sa barque. Il y a même des hommes très dévoués qui ont le courage de donner une direction aux affaires de l'État.

Dans ces différentes directions, depuis celle du petit chat vers sa tasse de lait jusqu'à la direction d'un ministère, il y a bien des degrés et des transformations. Entre la direction tout à fait simple et instinctive et la direction scientifique, il nous faut chercher le point intermédiaire où la direction est devenue intelligente, car cela nous mon a la forme la plus simple et la plus typique de l'intelligence qui a, à ce moment, inventé la route.

Si on dépasse les mouvements réflexes primitifs qui sont simplement explosifs, la plupart des mouvements des êtres vivants étaient déjà dirigés, c'est-à-dire qu'ils étaient modifiés pendant leur exécution en relation avec les circonstances environnantes. Une des plus importantes modifications dépend de la régulation de l'équilibre du corps pendant ses déplacements, les autres modifications peuvent être rattachées à un ensemble de régulations connues sous le nom de régulations *kinesthésiques. On* a décrit depuis longtemps un ensemble de phénomènes psychologiques que l'on appelait le sens musculaire ou le sens kinesthésique. Nous ne pouvons accepter de placer au début de l'évolution psychologique la sensation de Condillac ; nous ne pouvons rattacher à une sensation musculaire primitive la connaissance des parties du corps et de leur mouvement. Les expériences psychologiques que l'on prétend faire sur le sens musculaire sont faites en réalité sur des jeunes gens déjà capables de parler et dont les phénomènes psychologiques relatifs au mouvement sont bien loin d'être des sensations élémentaires. Cette prétendue conscience des mouvements dépend de notions bien plus compliquées et plus tardives, de la connaissance du corps propre, de la connaissance des actes, du découpage et de l'analyse des actes chez des individus qui ont déjà appris à faire des mouvements indépendants de leurs bras, de leurs doigts et qui ont appris à connaître les mouvements des autres hommes.

Les régulations kinesthésiques sont beaucoup plus simples : l'une des plus simples est bien décrite par M. Sherrington. Elle consiste dans la modification du mouvement suivant la position dans laquelle se trouve le membre au début de ce mouvement. Si je veux porter ma main droite a ma bouche, ce qui est un acte perceptif simple, je dois faire un mouvement tout à fait différent si ma main droite est en bas sur mes genoux ou si elle est en haut sur ma tête. Il y a là déjà une adaptation du schéma qui se fait d'une manière réflexe [30]. M. Head n'est pas loin de considérer cette réaction régulatrice comme déjà intellectuelle ; nous ne la considérons que comme un premier début dé l'intelligence.

Nous avons déjà souvent insisté sur une autre régulation qui consiste dans le maintien d'un membre dans une position déterminée. La pathologie nous offre à ce propos un symptôme fort curieux dans lés phénomènes de la catatonie et de la

---

[30] Head, *Sensation and the cerebral cortex, Brain*, 1918, p. 156.

catalepsie. On sait que, si on soulève le bras de certains malades, si on donne aux doigts de la main une position particulière, cette attitude bizarre qui, chez un homme normal, serait immédiatement interrompue par la chute du bras, se maintient exactement la même pendant un temps assez long, vingt minutes ou une demi-heure. Le sujet ne paraît pas se préoccuper de cette position anormale de son bras et ne songe pas à la modifier. L'étude de ces attitudes permanentes a beaucoup intéressé au moment des recherches sur l'hypnotisme et la suggestion, puis elle a été délaissée pendant un certain temps ; cette étude recommence aujourd'hui et elle a provoqué des travaux remarquables.

Il me semble utile dans l'étude de ce symptôme de prendre quelques précautions et de séparer certaines formes de cette permanence des attitudes qui ne se rattachent pas directement à notre étude des régulations kinesthésiques. Au plus bas degré, si on considère ce phénomène au point de vue psychologique, je placerai des permanences d'attitudes qui sont uniquement physiques et qui dépendent d'un certain état des articulations. J'ai proposé de les appeler des attitudes canaboplégiques, du mot grec [mot grec] qui veut dire mannequin d'artiste, des attitudes de mannequin. Pour une raison quelconque, les articulations sont plus serrées, leur frottement est plus dur et le simple poids du membre ne suffit pas pour les faire fonctionner. On peut observer des raideurs de ce genre dans des lésions articulaires du rhumatisme. je crois qu'on peut également les observer quand les muscles qui environnent l'articulation sont trop tendus, quand il y a exagération du tonus musculaire. On constate des raideurs de ce genre chez certains mélancoliques et dans quelques états d'obsession. je me demande avec hésitation si les observations intéressantes de MM. Claude et Baruk sur les permanences d'attitudes chez des animaux intoxiqués ne pourraient pas être rapprochées de phénomènes de ce genre.

À l'autre extrémité de la série psychologique de ces permanences d'attitudes je placerai les attitudes cataleptiques que nous avons autrefois étudiées chez des malades hystériques ou chez des sujets hypnotisés. Leur interprétation a été bien donnée par Bernheim, d'ailleurs elle avait été proposée auparavant de la même manière par les magnétiseurs qui comme Bertrand admettaient le rôle des phénomènes psychologiques. Il s'agit ici de phénomènes de croyance : le sujet croit que son médecin désire qu'il garde le bras en l'air et qu'il lui en donne l'ordre. Cette croyance est acceptée et exécutée par le mécanisme de la suggestion. On peut d'ailleurs, chez ces mêmes sujets, déterminer des attitudes tout à fait semblables par la suggestion verbale.

Entre ces deux groupes de faits se placent les permanences d'attitudes que l'on peut appeler les attitudes catatoniques que l'on peut observer chez des sujets plus ou moins confus et indifférents, au cours de la démence précoce par exemple. Le membre n'offre pas la même raideur que dans le premier cas, un léger attouchement suffit pour le déplacer et lui donner une autre position qui sera conservée comme la première, il ne s'agit plus ici de raideur articulaire, ni de demi-contracture des muscles. Il ne peut plus être question non plus d'une croyance en général trop compliquée pour ces malades ; on constate d'ailleurs qu'ils ne sont aucunement suggestibles par la parole, le bras une fois levé on ne peut pas en provoquer le déplacement par de simples suggestions verbales comme on le fait si facilement chez les cataleptiques. On est disposé alors à dire que les phénomènes psychologiques n'interviennent pas, ce qui est fort exagéré. J'ai eu l'occasion de faire sur plusieurs malades et en particulier sur une démente précoce intéressante que je désignais sous le nom d'Agathe une série d'observations dont j'ai présenté un résumé au Congrès de psychiatrie français à Angers, 1927. Quand le bras d'Agathe est mis en l'air et qu'il reste dans cette position, on peut le charger de divers objets sans qu'il tombe : je lui ai fait porter un volume in-8° sans qu'il tombât, les contractions musculaires s'adaptaient aux changements du poids. J'ai noté que les habitudes et les sentiments de la malade jouaient un rôle dans ces attitudes catatoniques. Quand j'ai cessé de voir la malade fréquemment et quand elle est devenue moins familière avec moi, elle a cessé de présenter ces attitudes catatoniques quand je soulevais le bras. Mais à ce moment elle est devenue catatonique pour

Arnaud qu'elle voyait tous les jours : il faudrait étudier ces modifications de la catatonie chez les déments précoces en relation avec les modifications de leurs sentiments. Enfin j'ai signalé à ce congrès un autre petit fait : l'attitude catatonique provoquée par une personne persiste très longtemps tant que cette personne reste dans la chambre et tant que sa présence est perçue par la malade, elle cesse brusquement si cette personne sort de la chambre et observe à l'insu de la malade. Je ne crois pas qu'il faille parler à ce propos de croyances et de suggestions comme dans les cas de catalepsie, cette malade très démente n'est guère précisément suggestible, il s'agit à mon avis de phénomènes psychologiques inférieurs au niveau de la croyance.

Si on veut bien y réfléchir, il est facile de constater que nous avons une disposition naturelle à la catatonie et qu'il y a chez l'homme normal la même régulation qui amène la permanence des attitudes. je sors pour mettre une lettre à la poste et je tiens cette lettre entre le pouce et l'index de la main gauche, mais en rentrant après quelque temps je constate que j'ai oublié de jeter cette lettre dans une boîte à lettres et que je la tiens toujours entre deux doigts de la main gauche. Il y a, dira-t-on, une distraction qui m'a empêché de faire l'acte de mettre la lettre à la poste, mais il faut aussi noter que mes doigts ont conservé exactement, à mon insu, la même position, puisque la lettre n'est pas tombée. A chaque instant nous constatons que depuis quelque temps une main est restée immobile dans une poche en tenant un morceau d'étoffe ; nous conservons très souvent des positions identiques sans nous en apercevoir.

Ce qui distingue l'homme normal du malade que nous appelons catatonique, ce n'est donc pas que chez l'homme normal fasse défaut cette tendance à la permanence des attitudes, c'est qu'il a bien plus souvent d'autres réactions qui inhibent cette régulation à la permanence et qui changent l'attitude. Nous surveillons davantage nos attitudes car nous avons besoin d'éviter les poses ridicules et d'adapter à chaque instant nos membres à des mouvements nécessaires. Les malades ont beaucoup moins cette surveillance et toutes les circonstances qui diminuent encore la surveillance ou qui l'éveillent momentanément augmentent ou diminuent la disposition à la permanence des attitudes. La malade dont je viens de parler, Agathe, s'abandonne avec plus de confiance quand elle est en présence d'un médecin qu'elle connaît beaucoup, se surveille un peu plus quand elle le connaît moins et toutes les modifications des sentiments, tous les éveils d'intérêt à des actions nouvelles modifient la catatonie. L'étude de ce singulier symptôme nous a montré que l'une des régulations les plus élémentaires du mouvement est celle du maintien des attitudes.

Il faut y ajouter une réaction qui maintient le mouvement dans la même direction et qui rétablit avec une sorte d'obstination cette direction quand elle a été accidentellement modifiée. Considérons un poisson qui avance dans l'eau dans une certaine direction, le mouvement des vagues le déplace continuellement et devrait à chaque instant modifier cette direction. Cependant le sens de la natation reste le même, car la direction est à chaque instant redressée et maintenue telle qu'elle était primitivement Ce sont là sous trois formes les premières régulations du mouvement qui se joignent au sens de l'équilibre et qui sont le point de départ des régulations de plus en plus intelligentes de la direction.

2 - La direction en avant.

Cette direction qu'il faut rétablir et conserver comment est-elle établie ? Nous venons de dire qu'il y a bien des progrès dans l'établissement de la direction, il y a donc une première direction élémentaire au point de départ de ces progrès, nous l'appellerons la direction directe. Cette direction simple et directe du mouvement est déterminée avant tout par la forme du corps des êtres vivants et par l'organisation des premiers réflexes. De bonne heure les corps vivants ont présenté deux extrémités : une tête et une queue, une pointe antérieure dans une partie du corps et une pointe postérieure dans une autre.

Les premiers réflexes sont organisés de telle manière que le corps et la queue suivent la pointe antérieure et marchent dans la même direction où elle est tournée, où elle avance.

Il n'est pas toujours facile de dire exactement où est la pointe dans la tête : chez les animaux inférieurs comme chez les vers, la pointe est bien à sa place au bout de la tête, mais chez des êtres supérieurs il y a bien des organes accessoires, les oreilles, les yeux, le crâne qui sont venus embrouiller les choses et qui semblent déborder la pointe. je crois que malgré les apparences nous avons encore une pointe qui n'est pas tout à fait à sa place, cette pointe c'est le bout du nez. Il y a là une petite boule qui m'intéresse, elle ne sert pas précisément à la respiration, car les narines s'arrêtent avant cette petite boule, la peau de cette petite boule est particulièrement sensible, presque autant que l'extrémité de l'index et cette sensibilité est chez nous superflue, car nous n'avons plus l'habitude de fouiller dans notre assiette avec le bout du nez. Cette petite boule est chez l'homme un organe résiduel comme les mamelles chez l'homme qui ne sait plus s'en servir. C'est un reste du museau du chien, du groin du porc, du petit doigt au bout de la trompe de l'éléphant, c'est un organe qui a été essentiel et qui ne l'est plus, car tout passe.

La première organisation réflexe de la direction était déterminée par les impressions au bout du nez. Les réflexes étaient disposés de telle manière que tout le corps suivait la direction du bout du nez qui, tantôt se portait vers un objet intéressant, tantôt se détournait d'un contact désagréable.

La raison principale de la direction de la pointe et du nez, c'est la conservation et l'augmentation d'une stimulation agréable ou importante. La pointe se dirige de telle sorte que l'odeur intéressante soit la plus forte possible et que sa force aille en augmentant. On pourrait, à ce propos, étudier les lois des tropismes de Loeb qui s'appliquent bien aux organismes élémentaires. D'autres organes des sens, ceux des oreilles et surtout des yeux, sont venus compliquer les choses. Un physiologiste, qui s'occupait surtout de la vue et de l'ophtalmologie, M. Nuel, s'est beaucoup intéressé à ces premiers réflexes de direction dans un livre remarquable encore important à consulter aujourd'hui, La vision, 1904. Cet ouvrage est écrit d'une manière qui nous semble bizarre. L'auteur a voulu, ce qui se comprend, expliquer tout par des mouvements, sans faire intervenir la conscience et il a voulu supprimer toutes expressions qui rappelaient des faits de conscience. Aussi a-t-il dû se forger un langage, au premier abord difficile à comprendre : au lieu de dire le toucher, il dira tango-réaction ; au lieu de dire la vue, il dira photo-réaction, il faut s'habituer à ce langage.

M. Nuel nous explique très bien que les réflexes de l'odorat, de l'ouïe, de la vue se sont coordonnés avec les réflexes du toucher au bout du nez, et le corps tout entier s'est habitué à suivre la direction que prenaient les yeux. C'est ce que M. Nuel appelle les projections radiaires, les projections des sensations à l'extrémité des rayons visuels, surtout quand les deux yeux convergent et le mouvement de tout le corps dans cette direction. Quand la lumière émanant d'un objet vient exciter un point d'une rétine, l'œil a un premier réflexe, il se meut de manière à amener la stimulation sur le foyer, sur le point de la plus grande sensibilité rétinienne ; un second réflexe amène la convergence des yeux dans la même direction, Ce temps-là est un peu différent chez les animaux qui ont les yeux des deux côtés de la tête et qui ne convergent pas Comme nous. Un troisième réflexe amène la direction de la pointe, c'est-à-dire du bout du nez, par un mouvement de la tête dans le même sens. Enfin, nous revenons aux anciens réflexes qui faisaient marcher tout. le corps dans la direction de cette ancienne pointe et tout le corps se dirige vers l'objet qui a provoqué la stimulation visuelle. Cette direction est maintenue et perfectionnée par un ensemble de conduites réflexes que l'on réunissait autrefois sous le nom de sens musculaire ou sens kinesthésique, et qui ne sont pour moi que des réflexes de maintien et de rétablissement de la direction directe.

Les choses vont s'embrouiller quand une difficulté très particulière va se présenter, c'est ce que nous pourrons appeler la difficulté de l'obstacle. Nous venons de voir que tous les objets ne déterminent pas des conduites d'attraction, ne donnent pas naissance à des mouvements de l'ensemble du corps vers l'objet, comme les grains placés devant les yeux de la poule. Il y a bien des objets qui déterminent des réflexes inverses, de fuite ou d'écartement. Un lapin qui voit ou qui sent le renard n'avance pas vers lui, il s'enfuit. La plupart des êtres vivants sont construits de manière à ne pas écraser leur nez contre des objets durs, ils ne se lancent pas en avant contre des rochers, contre un mur, contre un arbre. Avez-vous remarqué comme dans la rue nous évitons habilement de nous cogner contre les becs de gaz ou contre les boutiques et cela sans réflexion, instinctivement ?

Ces deux conduites de la direction vers certain, objets et de l'écartement loin d'autres objets sont bien simples quand elles se présentent séparément. ce qui arrive d'ordinaire. Mais il y a un cas très curieux dans lequel les choses s'embarrassent, c'est dans les cas de la transparence de l'obstacle. J'ai toujours été étonné que les psychologues ne se soient pas intéressés davantage au problème de la transparence et de l'opacité ; de même, comme je vous le dirai plus tard, qu'ils ne se sont pas occupés suffisamment de l'absence et *de la* présence, il y a là de jolies études à faire.

Qu'est-ce que c'est qu'un obstacle transparent ? C'est toujours un obstacle, un objet qui arrête le mouvement en avant et qui rend impossible la direction en avant vers l'objet. Mais ce n'est un obstacle que pour le mouvement du corps, ce n'est pas un obstacle pour les perceptions, il laisse passer les odeurs, les sons et surtout les rayons lumineux ; ce sera une glace ou un grillage qui laisse passer les odeurs et surtout les rayons lumineux mais qui arrête les mouvements en direction directe vers l'objet.

Cet obstacle transparent est philosophiquement très grave : les premiers réflexes olfactifs ou visuels sont constitués non seulement par la stimulation visuelle, mais par la réaction motrice correspondante. Il n'y a pas de séparation entre la sensation et le mouvement, comme les philosophes l'ont inventé ou plutôt il n'y a pas de sensation telle que l'imaginait Condillac. Le rôle de l'obstacle transparent est de séparer les deux choses ou plutôt de provoquer la première excitation de l'être réflexe qui consiste à aller vers l'objet et à le saisir, mais sans pouvoir arriver à la consommation de cette tendance. C'est ce qui a appris aux hommes qu'il y a loin de la coupe aux lèvres, qui lui a fait dire le vers célèbre ! "Tout objet que la main n'atteint pas n'est qu'un rêve." Cela a été le point de départ de la distinction de la réalité et du rêve, cela a permis la création de la sensation.

Cet obstacle transparent chez des êtres inintelligents amène tout simplement la suppression de la direction directe en avant. Vous connaissez l'histoire du brochet et du petit poisson qui est dans tous les manuels de psychologie. Le brochet a la mauvaise habitude de se précipiter sur tous les petits poissons qu'il voit et de les dévorer, c'est l'instinct et la direction directe. On a mis dans le même aquarium un brochet et un petit poisson, mais on les a séparés l'un de l'autre par une glace transparente. Le brochet s'est précipité et il s'est écrasé la pointe du nez contre la glace.

Après bien des tentatives et des meurtrissures de ce genre, le brochet cessa complètement de se précipiter contre le petit poisson. A ce moment, on enleva la glace qui divisait en deux l'aquarium et le petit poisson eut tout de même la vie sauve, car le brochet avait perdu le réflexe de la direction directe contre lui. C'est là le résultat de l'obstacle transparent chez les animaux sans intelligence. Le début de l'intelligence s'annonce par l'apparition d'une autre réaction qui est celle du *détour*.

3 - Le détour.

L'acte qui intervient dans cette circonstance dramatique est l'acte du *détour*, très intéressant pour nous parce qu'il est peut-être le plus simple des actes intelligents et qu'il peut nous montrer des caractères importants qui vont plus ou moins se retrouver dans tous les autres.

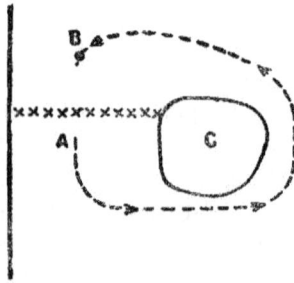

Figure 3.

Autrefois dans mon premier cours de *1913* sur ces questions de l'intelligence élémentaire, j'ai déjà étudié le détour, mais je dois vous recommander surtout le livre de M. Köhler sur l'intelligence des singes supérieurs où cette étude donne lieu à des expériences bien intéressantes. "L'expérimentateur, dit-il, crée une situation de ce genre où la voie directe vers le but n'est pas praticable, mais qui laisse ouverte une autre voie indirecte. L'animal est placé dans une situation dont il doit avoir autant que possible une perception d'ensemble, il doit alors montrer qu'il sait résoudre le problème par le moyen détourné qu'on lui laisse" [31].

Voyons d'abord la disposition matérielle de l'expérience (fig.3) : On placera les animaux le long d'un mur infranchissable en A, devant eux sera une grille et devant ce grillage on placera l'appât en B, des grains, un morceau de viande ou, quand il s'agit de singes, une banane ou des quartiers d'orange dont ils sont très friands. Du côté droit de cette grille sera un obstacle C qu'au début nous ferons également transparent, un petit mur par dessus lequel les animaux peuvent voir ou, si vous voulez, une cage également en treillage transparent. Pour avoir l'appât, l'animal ne doit pas aller directement en avant, il doit se retourner en arrière et contourner l'obstacle.

---

[31] Köhler, L'intelligence des singes supérieurs, traduction française de M. Guillaume, 1927, p. 4.

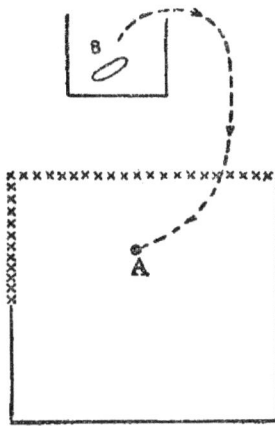

Figure 4.

Cette expérience a été reprise et singulièrement compliquée par deux psychologues français, MM. Paul Guillaume et Ignace Meyerson, qui ont publié leurs recherches sous le nom de "Détour avec des instruments", dans le *journal de psychologie* du 15 mars 1930, p. 230. Ces auteurs ont utilisé pour ces expériences les singes du Muséum de Paris et ceux de l'Institut Pasteur.

Ces sujets sont capables de se servir d'un bâton ; nous reverrons plus tard cet usage du bâton avec détails quand nous parlerons de l'outil ; pour le moment admettons-le comme un fait. Ce n'est plus le singe lui-même qui doit faire un détour pour atteindre la banane, c'est à la banane qu'il faut faire faire un détour en la poussant avec le bâton. L'expérience, en effet, est disposée de la manière suivante le singe est enfermé dans sa cage en A (fig. 4), il ne peut pas sortir, mais il a un bâton à la main ; devant la cage est placée une boîte ouverte en B dont les parois latérales sont assez hautes pour qu'il soit impossible de les faire franchir à la banane, mais dont la paroi du fond est enlevée. Il faut, avec le bâton, non pas l'attirer à soi, car la paroi de la boîte s'y oppose, mais la pousser d'abord loin de soi pour la faire sortir par le fond, la faire contourner la boîte et la ramener enfin dans la cage.

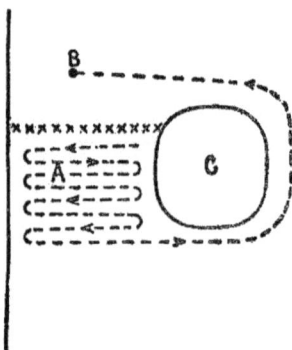

Figure 5.

Dans ces conditions, comment les animaux vont-ils se comporter ? Remarquons d'abord un gros fait très important : il y a de nombreux animaux qui ne peuvent rien comprendre à ce qu'on leur demande ; des moutons, des chevaux ne savent pas se tirer d'affaire. je n'affirme rien de net pour des chevaux, je ne sais pas si l'expérience a été faite, je suis disposé à croire qu'elle ne réussirait pas. M. Köhler a surtout expérimenté avec des poules qui, je le répète, ont montré peu de génie. La poule qui voit du grain à travers le grillage se précipite tout droit vers lui ; elle butte contre le grillage, mais elle ne fait rien de plus, elle continue à pousser devant elle. La déception lui cause une certaine agitation, elle bat des ailes, saute sur le grillage et même elle court à droite et à gauche par simple agitation. Il peut arriver qu'après un temps assez long la poule agitée finisse par dépasser en arrière l'obstacle et alors le contourne (fig. 5). Mais ce n'est pas la solution du problème du détour, le mouvement correct est survenu par hasard, uniquement sous la poussée de l'instinct primitif de la direction directe. Ces animaux n'ont pas le détour et ne manifestent pas ce premier degré de l'intelligence élémentaire.

Heureusement d'autres animaux se comportent tout à fait autrement. Le chien, en général, n'a pas d'hésitation, il embrasse la situation d'un coup d'œil et résolument tourne en

114

arrière, à l'inverse de la direction primitive, contourne l'obstacle et va manger le morceau de viande. Quant au singe et surtout au chimpanzé, notre cousin germain, il est magnifique : cette expérience n'est pour lui qu'un jeu, il est capable, comme nous le verrons, de faire bien d'autres choses plus merveilleuses. Notons seulement ici qu'il se tire bien d'affaire dans l'expérience du tiroir : avec son bâton il pousse la banane au fond, la fait sortir, lui fait longer le tiroir, l'attire ensuite dans la cage et enfin la mange avec satisfaction. On lui a joué tous les tours possibles, on met la banane dans un vrai labyrinthe dont il faut lui faire suivre les détours, on a mis des trous qu'il faut faire éviter à la banane sous peine de la perdre ou de retourner en arrière comme au jeu de l'oie, le chimpanzé fait tout ce que l'on veut. Il ne s'agit plus ici de mouvements fortuits comme dans le cas de la poule, il n'y a plus les oscillations latérales indéfiniment prolongées du début, il y a un mouvement unique, continu, sans interruption, jusqu'au but ; la solution semble être apparue complète tout d'un coup. N'oublions pas que ces expériences ont été reproduites sur des petits enfants : une enfant de deux ans et une autre petite fille d'un an et trois mois se comportèrent aussi bien qu'un chimpanzé, nous pouvons être fiers.

M. Köhler, en relatant ces expériences, fait jouer un rôle considérable au sens de la vue. Il remarque qu'une des conditions essentielles du succès c'est que l'appât reste toujours visible malgré l'obstacle. Si l'obstacle est opaque sur une partie plus ou moins considérable du trajet du détour, il y a des animaux qui se perdent en route ou bien qui oublient de quoi il était question, qui jouent sur le chemin avec un objet quelconque ou oublient la banane, comme le petit chat qui laisse la feuille avec laquelle il joue pour courir après une autre.

Mais un grand nombre d'animaux réussissent très bien malgré l'opacité de l'obstacle. jetez à un chien qui est dans la chambre un morceau de viande par la fenêtre, beaucoup de chiens sont parfaitement capables de courir à la porte, de descendre l'escalier et de courir sous la fenêtre prendre la proie. Beaucoup d'animaux intelligents acceptent de grands détours. Je me rappelle une observation de M. Revault d'Allonnes : son chien gémissait en le voyant sur le haut d'un talus qu'il ne pouvait grimper, il s'élança sur le chemin jusqu'à une grande distance où le talus s'abaissait, put alors monter et rejoindre son maître après une course assez longue. Dans ces cas une représentation visuelle de l'objet doit persister malgré l'absence de perception actuelle de l'objet.

M. Köhler insiste beaucoup sur cette persistance de la vision de l'objet en même temps que la vision de l'obstacle. C'est cette simultanéité des deux visions qui permet de percevoir ce qu'il appelle la structure de la situation. M. Köhler se rattache à une école de psychologie allemande très intéressante qui s'appelle la théorie de la forme, "gestalt theorie", que nous aurons à étudier particulièrement. Il y a là sans doute, dans cette vision des deux choses, un élément important du problème.

Je crois qu'il ne faut pas être satisfait trop vite, d'autres sens, d'autres représentations comme celles de l'odorat peuvent jouer le même rôle que la vision. D'ailleurs, il est évident que la vision ne suffit pas : les poules, quand l'obstacle est transparent, ont parfaitement et dans tout le trajet la vision de l'appât et de l'obstacle et elles n'y comprennent rien. Dans d'autres cas l'obstacle qui a été visible peut avoir des limites moins nettes et disparaître, au moins en apparence, sans que cela supprime le détour. Un renard veut prendre une poule, c'est l'aspect visible au début ; mais il aperçoit aux environs un homme armé d'une fourche, ce qui ne lui dit rien qui vaille. Il fait de grands détours sans longer l'obstacle, il change d'attitude, il se cache, il se faufile et il arrive à prendre la poule sans recevoir un coup de fourche, c'est bien compliqué comme combinaison visuelle.

Il faut constater ici un fait psychologique essentiel, quitte à ne pas le comprendre ; comme nous verrons ce fait à peu près à chaque leçon, nous aurons peut-être l'occasion de l'approfondir un peu. N'oublions pas que la situation créée par nous et qui n'est pas très fréquente dans la nature, celle de l'obstacle transparent, met en présence deux tendances opposées : la première est la tendance à la direction directe vers l'objet, la seconde est la tendance à s'écarter de l'obstacle.

Ces deux tendances sont déjà plus compliquées qu'on ne le croit et leur conservation au cours d'un long trajet ne se fait pas facilement. Si je ne craignais de trop compliquer ces premières études, je vous dirais que la conservation de la direction directe exige déjà des changements perpétuels de cette direction. Dès que l'animal a couru dix pas en arrière ou du côté droit, la direction de la banane n'est plus la même. Il faut qu'il y ait en lui des mécanismes qui modifient cette direction primitive suivant tous les mouvements qu'il fait. M. Sherrington nous faisait déjà remarquer que le mouvement de porter la main à la bouche ne peut pas être le même quand notre bras est en l'air, ou quand il est en bas, ou quand la main est dans notre dos. Il faut, à chaque instant, adapter cette direction et nous devrions, à propos de cela étudier ce qu'on appelait autrefois le sens musculaire, le fameux sens kinesthésique que je vous ai proposé de comprendre d'une tout autre manière, comme un ensemble de réflexes régulateurs. La perception de l'obstacle est elle-même compliquée et quand le renard s'éloigne très loin de l'homme à la fourche, il a une notion de l'obstacle toute spéciale.

Quoi qu'il en soit, il y a des animaux, comme les poules, chez qui ces deux tendances restent isolées, en opposition l'une avec l'autre. C'est toujours l'appareil distributeur de la gare dont un bouton donne des pastilles de chocolat et l'autre des bonbons acidulés. La poule n'est pas capable, comme le petit garçon, de trouver la marchande intelligente qui donnera dans un seul sac un mélange des deux. D'autres animaux se comportent comme la marchande, ils mélangent les deux. Dans mes cours sur la mémoire, j'ai étudié les actes de l'attente, les actes de la recherche, les actions différées, etc., qui, sous diverses formes, réalisent cette combinaison. Le détour nous montre la première et peut-être la plus simple de ces combinaisons. Peut-être nous révèle-t-il dès le début un caractère essentiel de l'intelligence.

4 - Le renversement de la direction.

L'étude du trajet et même du détour ne suffit pas pour nous expliquer la direction intelligente ; une petite observation médicale sur laquelle il faut revenir va nous montrer une nouvelle complication du problème.

Il y a bien des années j'ai eu l'occasion d'observer un cas que je trouve fort curieux, qui, en tous les cas, doit être rare, car je ne l'ai vu qu'une seule fois. Une jeune femme de 29 ans, que dans l'article où j'ai eu l'occasion de parler d'elle (journal de *Psychologie,* mars-avril 1908), je désigne par les lettres Wyx..., est venue se plaindre en disant : "qu'elle n'était pas très malade, mais qu'elle était cependant très malheureuse parce qu'elle était toujours à l'envers". - "je ne demande pas mieux, lui dis-je, que de vous remettre à l'endroit, si c'est possible ; mais il faudrait d'abord savoir ce que vous appelez être à l'envers."

Voici ce qu'elle ressent : dans quelque endroit qu'elle aille, qu'elle marche à pied ou qu'elle soit en voiture, elle a le sentiment qu'elle avance dans une direction tout à fait opposée à celle qu'il faudrait réellement prendre pour se rendre à l'endroit où elle veut aller ; en réalité, elle suit la direction correcte qu'on lui indique ou que lui indique le nom des rues, elle se laisse entraîner sans protester par la voiture, mais elle en souffre, car elle a tout le temps le sentiment que cette direction qu'on lui impose est fausse et qu'il faudrait avancer dans la direction tout à fait opposée, en sens inverse. Ce sentiment, en apparence absurde, a commencé subitement un soir, en rentrant chez elle, après un long et fatigant voyage en chemin de fer, peu de temps après un accouchement. Il s'est prolongé d'abord six mois, puis un séjour dans une campagne qu'elle ne connaissait pas du tout l'a rétablie pour dix-huit mois. Plus tard, après un nouveau voyage pénible, le sentiment de renversement a recommencé et il dure depuis plus d'un an.

Des observations médicales de ce genre sont loin d'être inconnues. je rappelle surtout une étude remarquable du professeur A. Pick, de Prague, en 1908, publiée en réponse à mon article. Pick rappelait dans la littérature médicale plusieurs cas de ce genre, puis il décrivait plusieurs observations personnelles fort intéressantes.

D'ailleurs, ce qu'il y a d'extraordinaire dans l'observation de Wyx... c'est la persistance et la longue durée du trouble, car nous avons à peu près tous éprouvé de temps en temps un sentiment analogue. Quand j'ai parlé de ce fait au Collège de France, plusieurs de mes auditeurs se sont hâtés de m'écrire pour me raconter ce qu'ils avaient éprouvé du même genre ; pour ma part je l'ai constaté bien des fois. Quand je sors d'une bouche de métropolitain, surtout si j'ai lu pendant le trajet, sans m'occuper des stations, je me sens à l'envers, j'ai envie d'aller d'un côté et l'intelligence, le nom des rues me montrent qu'il faut aller de l'autre côté. Souvent en chemin de fer, surtout la nuit, je suis ennuyé parce que le train marche à l'envers et nous ramène à notre point de départ. Vous pourriez tous certainement retrouver dans votre mémoire de telles impressions.

D'ordinaire ces impressions sont très passagères, tandis que j'ai pu examiner à loisir la malade dont je vous parle. Cet examen, cependant, était loin d'être fructueux, car j'ai cherché en vain chez elle un autre trouble de la sensibilité ou du mouvement qui pût être mis en relation avec le premier. Toutes les sensibilités étaient normales ; j'ai même pu, en plaçant la malade sur la plaque tournante de Mach, contrôler qu'elle sentait parfaitement, les yeux fermés, toutes les rotations et tous les arrêts. Les explications de ce sentiment qui ont été données et que je ne peux vous rappeler toutes ne me satisfont guère. Binet, en particulier, en 1894 et 1895, disait qu'il s'agit simplement d'une erreur d'orientation, quand on ne sait plus exactement dans quelle direction est le point où on veut aller. Cela me paraît très inexact : ces malades ne sont pas mal orientés, ils savent très exactement la ligne de la direction, ils ne la placent pas inexactement ; mais c'est leur mouvement sur cette ligne qu'ils renversent, ils n'orientent pas mal, ils orientent à l'envers, ce qui n'est pas la même chose. Il est bien évident que chez la jeune femme dont je parle, après un accouchement récent et un voyage fatigant, il y a eu un trouble névropathique, une persévérance de l'impression analogue à une suggestion et à une obsession, mais cela n'explique pas le sentiment initial de renversement qui est devenu une obsession.

Il s'agit bien d'un trouble dans la marche vers un certain point, car il n'y a pas de trouble si elle ne songe pas à sortir pour aller quelque part, c'est quelque chose dans la direction de la marche qui est troublé. Cela nous apprend d'abord qu'il y a dans la direction d'autres éléments que ceux qui viennent d'être décrits, d'autres éléments que le trajet de détour lui-même. Oui, il y a autre chose que le trajet lui-même, il y a le sens dans lequel on le parcourt, car un trajet quelconque peut être parcouru dans deux sens. On peut aller de notre situation initiale vers l'objet, quand le singe va de sa place vers la banane, et on peut aller de l'objet vers notre place initiale, quand le singe rapporte la banane dans sa cage. Nous pouvons même remarquer que nous venons de voir les deux formes du trajet : le singe de M. Köhler va dans le premier sens vers la banane, les singes de MM. Guillaume et Ignace Meyerson sont dans le second sens quand ils font revenir la banane avec un bâton.

Ces observations, même si nous ne les comprenons pas, nous instruisent et nous font connaître un élément curieux du trajet encore plus intellectuel peut-être que le détour, c'est l'aller et retour. Le billet d'aller et retour des chemins de fer correspond à une notion intellectuelle très remarquable.

Mais, me direz-vous, l'aller et retour dont vous parlez n'est pas une chose si remarquablement intelligente, cette action existe partout. Les poules que vous avez trouvées si bêtes et les pigeons qui ne sont pas beaucoup plus malins savent sortir de leur poulailler ou de leur nid le matin et y retourner le soir. Tous les animaux qui ont des petits savent s'éloigner d'eux pour chercher la pâture et la leur rapporter.

Au risque de vous paraître manier le paradoxe je vous dirai que je ne suis pas sûr que l'oiseau sache prendre un billet d'aller et retour. Entendons-nous, je veux bien que le pigeon ait un aller, un départ caractérisé même par une certaine tristesse ; je veux bien qu'il ait un retour avec même une certaine joie ; mais ce dont je doute, c'est qu'il ait un aller-retour, qu'il réunisse en un seul et même acte ces deux actions de l'aller et du retour. Pour qu'il y ait cette réunion il faudrait me prouver que le pigeon répète exactement, mais à l'envers en revenant, le même trajet en répétant les mêmes détours, même s'ils sont devenus inutiles, qu'il fait des efforts pour chercher à les répéter. Il est probable que pour lui l'aller et le retour sont des actes successifs, différents les uns des autres, déterminés chacun à son heure par des stimulations différentes et que ce n'est pas un seul et même acte renversé. Il n'y a qu'un exemple dans lequel un insecte semble chercher un retour de ce genre. Si vous lisez l'article de M. V. Cornetz sur l'orientation dont je viens de vous parler [32], vous verrez que la fourmi au retour, arrivée à une certaine distance de la fourmilière, cherche une piste ayant servi à des allers et qu'elle la prend pour un retour. Mais les fourmis sont, comme nous le verrons, capables de tant de choses extraordinaires.

Chez les hommes il n'y a plus de doute, le meilleur exemple de l'aller-retour c'est l'histoire du petit Poucet que ses parents veulent perdre dans les bois et qui, en allant, sème sur son passage des petits cailloux afin de retrouver la même piste au retour. Ce qui prouve cette union en un seul acte de l'aller et du retour c'est l'observation de notre malade à l'envers, elle réunit si bien l'aller et le retour qu'elle les confond ou plutôt les renverse. Nous faisons un progrès dans son interprétation en constatant que son trouble consiste non dans un défaut d'orientation, mais dans une confusion de l'aller et du retour, dans une direction qu'elle connaît très bien, mais dont elle ne distingue pas bien le sens.

---

[32] V. Cornetz, *Orientation, direction*, in Journal de psychologie, 15 mai 1929, p. 375.

5 - La droite et la gauche.

Ce n'est qu'un pas dans l'interprétation, car ordinairement les hommes distinguent l'aller et le retour. Comment s'y prennent-ils et qu'est-ce qui manque à notre malade ?

Il y a évidemment de petits signes qui nous indiquent que c'est l'aller ou que c'est le retour, quand l'objet vers lequel on se dirige reste visible, et nous avons vu l'importance de cette visibilité. Quand nous allons, l'objet est devant nous, quand nous revenons l'objet est derrière nous et nous ne le voyons qu'en nous retournant. Quand on avance vers lui l'objet grandit, quand on s'en éloigne il diminue. Mais précisément le problème de l'aller et du retour ne se pose que dans des trajets assez longs où l'objet cesse d'être visible.

Je crois qu'il faut tenir compte d'une chose très importante dont nous n'avons pas encore parlé à propos de la direction, je veux parler des objets latéraux que l'être vivant touche, sent et surtout voit à ses côtés pendant qu'il avance dans un sens ou dans l'autre. Sans doute les objets latéraux restent les mêmes dans l'aller et dans le retour puisque nous avons admis que la direction restait la même, mais il y a une différence capitale.

Quelle est donc cette différence ? Une seule et elle est simple : cette différence, c'est que les objets ne sont pas les mêmes à droite qu'à gauche dans l'aller et dans le retour. Quand nous entrons dans notre appartement, nous avons certains objets à droite et nous en avons d'autres à gauche et quand nous sortons de l'appartement les objets sont renversés : ceux qui étaient à droite se placent à gauche. C'est cette modification de la situation à droite et à gauche qui est le seul moyen que nous ayons de nous orienter dans un trajet dont nous ne voyons pas le terme. Nous voici amenés devant la fameuse opposition du côté droit et du côté gauche qui est bien, si j'ose ainsi dire, la croix des philosophes, car il n'y a rien de plus obscur que cette singulière propriété de l'espace de donner naissance à un côté droit et à un côté gauche. Rappelons-nous seulement que, grâce aux trois dimensions de notre espace, nous pouvons tourner sur nous-mêmes et qu'en tournant nous changeons la place des trois dimensions. En me tournant à droite, je mets ce qui était en avant à ma gauche et en tournant encore d'un quart de cercle je mets à ma gauche ce qui était à ma droite. En un mot, en nous tournant de 90° nous avons changé tous les objets à droite en objets à gauche et réciproquement. La distinction de l'aller et du retour est liée à la distinction du côté droit et du côté gauche et si vous voulez me montrer l'aller et le retour chez des animaux, il faudra me montrer chez ces animaux la distinction du côté droit et du côté gauche. Sans doute les animaux sont capables de tourner dans l'espace, comme ils sont capables de revenir au nid, mais ils font le mouvement de tourner sans en prendre conscience, sans se rendre compte que le mouvement après avoir tourné se fait dans la même direction, mais à l'envers. C'est, je crois, l'historien anglais Carlyle qui a le mieux philosophé sur ce qu'il appelle la plus ancienne institution humaine celle qui distingue la main droite de la main gauche. Il y a, dit-il en 189 1, des actes sociaux comme celui de faucher un champ qui seraient impossibles si tous les moissonneurs n'avaient pas la main droite du même côté.

Nous arrivons à une conclusion singulière : la notion d'aller-retour qui est un caractère de l'intelligence élémentaire dépend de la *distinction du* côté droit et du côté gauche et celle-ci devient un signe net d'intelligence. Les animaux obligés de marcher sur leurs pattes n'ont guère que des mouvements symétriques. Il me semble qu'on ne nous a pas suffisamment montré si les singes supérieurs ont une main droite et une main gauche ; il est probable que la distinction doit commencer chez eux avec les débuts de l'intelligence. Cette distinction devient complète chez l'homme qui n'est pas identique des deux côtés. Avez-vous remarqué que le côté gauche de la tête, notre oreille gauche en particulier, est plus perfectionné, mieux fait et plus sensible que le côté droit de la tête ? Puis la division se poursuit en changeant de côté et le côté droit du corps est plus parfait, plus sensible et présente des mouvements plus forts, plus précis que le côté gauche. Le petit bébé a d'abord des mouvements symétriques, puis il apprend à les séparer et il arrive à la supériorité du côté droit. Quelles que soient les raisons assez nombreuses et différentes que l'on a données de cette supériorité du côté droit, il ne faut pas oublier qu'il y a là un progrès dans la distinction des propriétés de l'espace et une forme de l'intelligence.

Or, tout justement la pathologie nous apprend qu'il y a très souvent chez des malades des troubles dans la distinction du côté droit et du coté gauche, ce sont les troubles que l'on désigne sous le nom d'*allochirie* (autre main). Leur étude a commencé avec les travaux de Hammond 1879, de Obersteiner (de Vienne) en 1881, de Weiss 1891, de Bosc 1892. Permettez-moi de vous rappeler mes propres études sur ce curieux phénomène en 1890, 1892, 1898, puis prennent place les articles de Head, 1906 et l'étude de M. Jones dans le *Brain,* 1907, qui répond en partie à la mienne.

Il est impossible de reprendre maintenant l'étude de l'allochirie qui est si intéressante et que je vous invite à continuer car il y a encore bien des choses à comprendre et les découvertes que l'on pourra faire auront des conséquences énormes non seulement pour l'étude de l'intelligence, mais pour l'étude de l'espace.

Rappelons seulement le caractère essentiel des cas typiques, tels qu'ils étaient dans mon observation d'une malade désignée par M... (*Stigmates mentaux des hystériques, 1893,* p. 67 ; *Névroses et idées fixes,* 1898, I, p. 234). Le sujet paraissait avoir une sensibilité à peu près normale, il distinguait les piqûres et les contacts faits sur son poignet et il les localisait bien puisqu'il disait : "vous me piquez sur la main, vous me touchez sur le poignet". Mais quand on posait une question de plus : "sur quel poignet vous ai-je touché ?" il répond toujours, et ce qui est bizarre, il répond toujours faux. Quand il s'agit du poignet droit il dit toujours poignet gauche et quand il s'agit du poignet gauche il dit toujours poignet droit. Je crois avoir fait faire à cette époque un petit progrès à cette étude en montrant que cette erreur bizarre avait des degrés, que les sujets commençaient par confondre complètement la droite et la gauche dans ce que j'appelais la *synchirie*. Mais comment et pourquoi les sujets en arrivent-ils, après avoir mélangé leurs deux côtés, à les renverser et à mettre régulièrement l'un à la place de l'autre ? Mes anciennes explications données en 1892 dans ma thèse de médecine me paraissent aujourd'hui bien insuffisantes. je compte sur vous pour les reprendre et les compléter.

Pour le moment nous ne devons tirer qu'une seule conclusion, c'est qu'il y a une relation très étroite entre les symptômes de l'allochirie et le singulier renversement de la direction que nous venons de constater chez notre malade Wyx. Celleci nous dit : "je suis à l'envers, je sens que je sors de la Salpêtrière quand j'y entre." Faisons *une* remarque sur la porte d'entrée de la Salpêtrière : celle-ci est assez monumentale et des deux côtés de la grande porte il y a deux grands murs blancs ; sur l'un de ces murs, à gauche quand on entre, il y a une statue de Charcot, sur l'autre mur, à droite en entrant, il n'y a que des affiches. je demande alors à cette femme : "Quand vous entrez à l'hôpital, de quel côté est la statue de Charcot ?" Elle n'hésite pas du tout et me répond : "Elle est à droite. - Mais non. - Ah ! je sais bien que je l'ai vue à gauche, mais c'est ce qui m'a renversée, je la croyais à droite."

Par conséquent, nous avons maintenant un commencement d'explication de l'illusion du renversement. Ces gens-là se représentent à droite ce qui est à gauche et à gauche ce qui est à droite ; ils renversent les objets, non pas d'une manière vague mais par rapport au côté droit et au côté gauche.

Wyx..., quand elle vient à l'hôpital, s'attend trouver la statue de Charcot à sa droite, c'est ce qu'elle appelle entrer à la Salpêtrière ; or, en arrivant elle voit la statue à sa gauche, comme elle est réellement : elle a alors le sentiment de sortir et elle dit qu'elle est à l'envers.

Remarquez, en effet, que cette malade, différente en cela de M..., n'a pas d'allochirie dans les perceptions. Elle dit bien qu'elle est piquée à droite quand on la pique à droite, elle place bien à droite un objet qu'on lui montre réellement à droite.

C'est parce qu'il y a une opposition entre sa représentation et sa vision qu'elle se sent à l'envers.

Nous avons tous un besoin perpétuel de mettre un certain accord entre nos représentations des lieux et nos perceptions. Quand je marche vers le Collège de France, en traversant le Boulevard Saint-Michel, je me dis instinctivement : "le Palais de Justice est à ma gauche, le Luxembourg est ma droite" et je suis satisfait en constatant que c'est exact, ce qui me garantit le bon sens de ma marche. La pauvre humanité fait ainsi un effort perpétuel pour se raccrocher à ce qui est réel et pour ne pas trop s'égarer dans ses rêves, mais elle n'y réussit pas toujours. J'ai beaucoup insisté dans mes divers ouvrages sur le langage inconsistant, sur la mémoire inconsistante, c'est-à-dire sur des paroles, des récits qui ont complètement perdu le contact avec la réalité. Il y a, de même, des représentations inconsistantes et en particulier des représentations de latéralité inconsistantes.

Essayons de nous rappeler dans quelles conditions se produit chez nous ce renversement du sens de la direction. Nous sommes dans le métro en train de lire le journal ou nous sommes dans un train qui passe sous un tunnel et nous n'avons à ce moment aucun moyen de vérifier notre représentation de la latéralité. Nous avons à ce moment une représentation des objets qui pourraient être à droite et de ceux qui pourraient être à gauche, mais cette représentation est tout à fait arbitraire, inconsistante. Le plus souvent cette représentation qui continue les perceptions précédentes est exacte et nous n'avons aucune surprise à la sortie. Mais cette représentation peut tomber à faux, comme il n'y a que deux côtés, le droit et le gauche, l'erreur ne peut être que dans le renversement complet et en arrivant au jour nous sommes à l'envers. Il est vrai que nous corrigeons assez vite, car nous sommes habitués à sacrifier - nos rêves à la réalité. Mais des malades affaiblis ne savent pas faire ce sacrifice et accepter le réel, alors ils restent à l'envers.
On trouverait bien des exemples d'un mécanisme semblable dans les illusions ; je crois, en particulier, qu'il faudrait tenir compte également de ces représentations vagues de

localisation dans l'interprétation de l'illusion des amputés que nous aurons probablement l'occasion d'étudier plus tard [33].

6 - La route.

Ce premier acte intellectuel présente un caractère essentiel que nous verrons se préciser de plus en plus ; ce n'est pas un acte simple comme les premiers réflexes, c'est un acte mixte qui contient une combinaison de deux conduites simples précédentes. Le détour est déjà une combinaison de la direction directe et de la direction à l'opposé de l'obstacle. L'aller-retour est une combinaison de l'acte d'aller avec certains objets à sa droite et de l'acte de retour avec les mêmes objets à sa gauche. Remarquons déjà que les deux éléments peuvent être combinés de manière inégale ; on est plus ou moins près des deux extrémités de l'objet convoité ou de l'obstacle, du terme de l'aller ou du terme du retour et cette conduite est capable de bien des variétés. Nous aurons d'ailleurs l'occasion de les voir de plus en plus.

Existe-t-il quelque chose qui puisse résumer tout ce que nous venons de dire sur la direction depuis le détour jusqu'à. l'aller-retour ? Aux premiers actes intellectuels correspondent comme leur expression matérielle des objets intellectuels. Il y a un objet bien remarquable qui correspond à tous ces actes de direction, c'est la route.

Les 'animaux ne connaissent pas la route, car celle-ci est caractérisée par l'aller-retour qu'ils n'ont pas, ils ne réunissent pas les deux trajets inverses dans une même action d'ensemble et, par conséquent, ils ne font pas de route. Sans doute ils les suivent à peu près quand elles ont été faites par d'autres et surtout quand on les maintient sur la route, ce que les chiens n'aiment pas. Vous m'arrêterez en disant qu'on observe des routes animales, de longues voies des chenilles

---

[33] Cf. Hémon, L'illusion des *amputés, in* Revue philosophique, 1910, II, p. 290.

processionnaires qui cheminent toutes à la suite les unes des autres dans le même trajet. Il s'agit là d'une route. Des traces tactiles ou odorantes sont laissées sur le sol par les premières et les autres suivent cette trace par de simples réflexes. Pour construire une route qui demeure après notre passage, il faut penser que nous reviendrons, que d'autres iront et reviendront, il faut l'aller-retour.

En vous disant que l'animal n'est pas capable de comprendre la route, il me vient un scrupule. Les fourmis sont des animaux remarquables, capables de tout. N'a-t-on pas raconté que dans le Jardin botanique de Fontainebleau des jeunes gens avaient la mauvaise habitude de jeter leurs bouts de cigarettes encore allumés sur une fourmilière. Les fourmis ont trouvé cette plaisanterie de fort mauvais goût et elles ont pris l'habitude de concentrer sur le petit feu des jets d'acide formique pour l'éteindre. Des fourmis qui sont capables de devenir des pompiers ne peuvent-elles pas inventer la route ? Un jardinier, mal avisé, avait fait sur un tronc d'arbre un cercle de goudron pour empêcher les fourmis de monter sur cet arbre tous les matins et d'en descendre tous les soirs. Les premières fourmis qui essayent de passer sont prises dans le goudron, mais bientôt une décision est prise par l'esprit de la fourmilière, comme dit Maeterlinck. Les fourmis reviennent en portant chacune dans leurs mandibules un tout petit grain de sable. Elles déposent les uns près des autres leurs petits grains de sable sur le goudron et passent par-dessus en sécurité. J'oserai presque dire qu'elles ont fait une route et même une route pavée. Voilà des observations qu'il faudrait confirmer, répéter et varier pour voir les débuts de l'intelligence chez les animaux.

Les hommes ont appris à faire des routes et les premières marques de la civilisation dans un pays sauvage, ce sont les routes qui le traversent. C'est l'expression de la direction, de l'aller-retour, de la distinction du côté droit et du côté gauche, c'est la première conquête de l'intelligence sur l'espace. Cette première conquête sera le point de départ de toutes les autres : Euclide n'aurait pas fait la géométrie si des hommes avant lui n'avaient pas déjà fait des routes.

Que de notions nouvelles nous avons acquises par le développement de la direction qui est partie du détour et qui aboutit à l'aller-retour et à la distinction de la droite et de la gauche.

Pour arriver à comprendre la notion de rapport entre deux choses, il fallait à l'esprit la notion de la réciprocité, la notion des caractères et des actions réciproques. Nous jugeons souvent le degré de l'intelligence d'un enfant par sa capacité pour bien comprendre l'action réciproque. On a proposé, à ce propos, ce qu'on appelle le test des trois frères. A un enfant encore jeune, âgé de trois ou quatre ans par exemple, vous posez cette question : "As-tu un frère ?" Il répond : "Oui, j'ai un frère, Paul." - "Et Paul, a-t-il un frère ?" Le petit enfant, étonné, nous dit alors : "Mais non, Paul n'a pas de frère, c'est moi qui ai un frère." Il prend la notion de frère d'une manière absolue et ne comprend pas qu'elle se retourne, que si lui, jean, est le frère de Paul, Paul, à son tour, est le frère de jean. Cette notion de réciprocité est bien la conséquence de l'aller-retour ; il faut non seulement aller dans un sens, mais comprendre que dans la même direction on peut aller en sens inverse. Les notions réciproques sont des notions qui sont identiques l'une à l'autre, sauf qu'elles sont tout le contraire l'une de l'autre. Nous apprenons à disposer ensemble tout en les opposant le haut et le bas, l'avant et l'arrière, le rapide et le lent, le mouvement et le repos, le chaud et le froid, le propre et le sale, le dur et le doux, le bon et le mauvais, la lumière et l'obscurité, le conscient et l'inconscient, etc. Tout cela dérive de l'aller et du retour, c'est la même chose et c'est tout le contraire.

Il est essentiel pour nous de distinguer les notions qui comportent cette réciprocité et qu'on appelle réversibles de celles qui ne la comportent pas et qui sont irréversibles. L'espace comporte de la réciprocité, nous pouvons y marcher dans les deux sens. Mais jusqu'à présent le temps ne comporte pas cette réciprocité. Nous marchons dans le temps, toujours en avant, en faisant des actions les unes après les autres. C'est une route très mauvaise où nous ne savons marcher que dans un seul sens, en passant bêtement de la jeunesse à la maturité, à la vieillesse, comme les plantes qui ne savent que pousser en avant, comme les animaux qui reviennent au nid sans comprendre que c'est un retour. L'espace présente des phénomènes réversibles, le temps est pour nous irréversible.

C'est ce que le poète exprimait si bien dans des vers célèbres que je vous demande la permission de vous rappeler.

Le livre de la vie est le livre suprême
Qu'on ne peut ni fermer ni rouvrir à son choix.
Le passage attachant ne s'y lit pas deux fois
Mais le feuillet fatal se tourne de lui-même.
On voudrait s'arrêter à la page où l'on aime
Et la page où l'on meurt est déjà sous nos doigts.

C'est peut-être parce que nous sommes encore trop bêtes. Un jour l'homme saura pratiquer dans le temps l'aller-retour, revenir à sa jeunesse et revoir ceux qu'il a aimés, qui se sont arrêtés avant lui et qui sont restés en arrière.

La possibilité du retour après l'aller remplit, en effet, nos esprits : bien des idées morales sur la réparation, le remords et les recommencements de la vie sont des retours en arrière. Un grand nombre d'obsessions chez les malades consistent dans la haine du présent, le désir immodéré et enfantin d'arrêter le temps, de revenir en arrière jusqu'à l'enfance et de recommencer la vie. De grandes philosophies, sans parler du retour éternel de Nietzsche, sont fondées sur l'idée du recul en arrière. Dernièrement M. Masson Oursel nous montrait, à la Société psychologique de Paris, que bien des philosophies orientales admettent au fond "la pensée à rebours" ; pour elles le véritable but de la pensée est de supprimer ce monde mal venu et de faire tourner à l'envers "la roue du monde".

Comprendre l'aller-retour c'est aussi comprendre le mouvement relatif, c'est savoir qu'un homme croisé par nous sur la route est par rapport à nous sur le retour quand nous sommes sur l'aller. C'est savoir que pour rencontrer un homme qui vient vers nous il suffit de l'attendre.

C'est aussi comprendre l'opposition et le contre-pied : les fonctions primitives ne sont pas opposées l'une à l'autre, il n'est pas exact que l'excrétion soit l'opposé de l'alimentation, ni les muscles ni les mécanismes ne sont exactement les mêmes. Mais les oppositions vont naître avec l'intelligence, nous verrons des actes de remplir et de vider le premier, de faire le portrait et de reconnaître le portrait, de dire oui et de dire non. Ce sont toujours des dérivés de l'aller-retour.

Que de notions intellectuelles de la plus grande importance dérivent de ces actes si simples de la direction sur une route. On ne comprendra l'esprit qu'en étudiant ces premières conduites si simples. C'est ce que nous continuerons à faire en examinant les actes qui précisent la situation et l'objet qui résume la situation, c'est-à-dire la grande place du village.

Chapitre II
La position, la grande place du village

Quand on interroge un malade qui se présente à la consultation, il y a une question qu'on lui pose habituellement. On lui demande d'abord son nom et son adresse ; mais en général, quand on a des inquiétudes sur son état mental, on lui pose une nouvelle question : "Mon ami, dites-nous donc où vous êtes en ce moment-ci ? Où sommes-nous ?" et on ajoute en général : "Quel jour sommes-nous ? " Parfois le malade répond bien, il dit : "je suis dans le cabinet du médecin, dans tel hôpital qui se trouve au sud de Paris", ou bien il répond : "nous sommes aujourd'hui lundi 11 janvier, en hiver". Quand un malade répond comme cela, tout le monde est content. Au contraire, quand le sujet est embarrassé, quand il hésite, et semble ne pas savoir dans quelle ville, dans quel pays, dans quel endroit il est, quand il ne sait pas à quelle date, à quel jour de la semaine, à quelle heure de la journée nous sommes, le médecin écrit sur sa fiche "malade désorienté dans l'espace et dans le temps" et ce caractère devient immédiatement un symptôme très inquiétant.

Cette interrogation est beaucoup plus commune que nous ne le croyons, la société et même la Police se montrent vis-à-vis de nous d'une extrême indiscrétion. Elles nous demandent à chaque instant notre nom et notre adresse et il faut que nous puissions répondre que nous sommes à tel endroit et que nous comptons nous rendre à tel autre, que nous demeurons dans tel endroit et que nous savons nous y rendre en partant de l'endroit où on nous rencontre. Ce sont là des notions de position extrêmement communes que tout le monde doit posséder, elles jouent un rôle même dans le langage et certaines langues ont encore un cas locatif. Ces notions sont, cependant, au fond, beaucoup plus compliquées qu'elles ne paraissent. Dans les examens dont nous parlons, la position du sujet doit être exprimée par des paroles, mais il est facile de voir que les paroles ne sont ici que l'expression d'une attitude, d'une conduite relatives à la position qui est au-dessous des paroles. Bien des malades désorientés, qui ne savent pas où ils sont, n'ont aucun trouble de la parole et ils pourraient très bien exprimer leur position s'ils en avaient une et si un trouble plus profond n'avait pas dérangé les conduites dont dépend la position.

1 - La notion de position.

La position a, comme la direction, une longue évolution, elle finit à son terme par devenir une position sociale, une position hiérarchique dans la société et elle peut présenter alors toutes sortes de troubles chez des gens qui se placent toujours au-dessus ou au dessous de tous les autres. Mais elle a aussi d'humbles points de départ et elle sort de la perception de l'endroit où nous sommes actuellement et de notre situation dans cet endroit.

Les physiologistes étudient beaucoup aujourd'hui les réflexes de posture. Ce sont des réflexes qui déterminent non la contraction d'un muscle isolé, mais de nombreuses contractions d'une foule de muscles qui maintiennent une certaine attitude d'ensemble de notre corps. Il y a des réflexes de posture qui nous maintiennent debout en équilibre sur nos jambes, ou qui nous maintiennent assis ou couchés. Il y a des réflexes qui maintiennent notre équilibre même si nous levons un bras ou si nous remuons la tête[34].

À ces réflexes de posture il faut ajouter ce que j'étudiais autrefois à propos de perception sous le nom de réflexes de situation. Chaque perception d'un objet ou d'un ensemble d'objets détermine des mouvements ou des attitudes

---

[34] Pour trouver un résumé des études sur ces réflexes on peut consulter un ancien travail de Victor-Henri dans l'*Année psychologique de* 1895, le travail important de M. Head, de Londres, Sensation and cerebral cortex, dans le Brain de 1918, ou le petit livre très intéressant de M. Henri Piéron, Le cerveau et la pensée, 1923.

particulières. Un animal ne se tient pas de la même manière devant la nourriture ou devant une femelle. Son attitude change même beaucoup si la nourriture est abondante ou précaire, si la femelle est seule ou entourée d'autres mâles. Différentes perceptions qui déterminent chacune des mouvements différents se combinent en une attitude particulière : un renard voit une poule et s'apprête à la poursuivre et à la prendre, mais en même temps il voit le fermier la fourche à la main, perception désagréable qui le dispose à fuir. Il prend une attitude intermédiaire en se dissimulant, en se faufilant, en faisant le guet. Nous avons tous des attitudes de situation de ce genre ; nous ne nous tenons pas de la même manière devant un homme, devant une femme, devant un enfant, devant une table. Toutes sortes d'influences se combinent pour nous faire prendre une certaine attitude, dans un salon, dans une salle à manger où on dîne ou dans une salle de conférence où on écoute des histoires psychologiques. Ces attitudes de situation, combinées aux réflexes de posture, nous donnent une première notion de l'endroit où nous sommes et nous convient à dire que la notion de position dépend simplement de la perception du lieu et des réflexes de situation qui l'accompagnent.

Eh bien, un peu de réflexion nous montre tout de suite qu'il n'en est rien, cette situation suffit aux animaux inférieurs qui probablement ne se situent pas autrement, mais elle est tout à fait insuffisante pour l'homme qui a une tout autre notion de sa position. Höffding, le grand philosophe danois, qui vient de mourir, disait déjà que le lieu géométrique diffère du lieu sensible[35], mais, à mon avis, il n'expliquait pas assez cette distinction.

Nous pouvons rendre immédiatement sensible cette insuffisance du sentiment de la situation par une observation médicale qui m'a paru très intéressante et que j'ai déjà présentée plus complètement dans mon dernier ouvrage *De l'angoisse à l'extase*. Il s'agit d'un officier français, le capitaine Zd..., blessé à la tête pendant les batailles de Champagne : il avait reçu une balle un peu au-dessus et derrière l'oreille

---

[35] Höffding, *La pensée humaine, 1911, p. 199.*

gauche ; cette balle avait pénétré obliquement dans la région occipitale du cerveau, s'était arrêtée sur la paroi opposée du crâne et bien que repérée exactement par la radioscopie elle n'avait pu être extraite. Au début, le blessé présenta les troubles classiques en relation avec les blessures de la région occipitale du cerveau ; il perdit complètement la vision psychique, consciente au début, quoiqu'il eût conservé les réflexes oculaires. Puis il recommença à voir, mais dans une moitié seulement du champ visuel, il présenta de l'hémianopsie typique ; le champ visuel se transforma peu à peu et prit la forme du rétrécissement circulaire, appelé souvent rétrécissement hystérique. La vision paraissait se rétablir, mais le malade présentait de tels troubles mentaux qu'on ne voulut pas le garder à l'hôpital militaire du Val-de-Grâce et qu'il me fut adressé.

Nous n'avons à nous occuper aujourd'hui que d'un seul symptôme parmi les troubles nombreux qu'il présente. Il arrive dans mon cabinet en tenant le bras d'un soldat, car il prétend être incapable de marcher seul. Il me reconnaît, me salue aimablement et s'installe correctement dans son fauteuil, mais immédiatement il commence à gémir et à exprimer une plainte singulière : "je suis horriblement malheureux, parce que je suis perdu, complètement perdu dans le monde, parce que je ne sais jamais où je suis."

Cette désorientation complète dans l'espace paraît bien étrange chez un homme qui est entré correctement, qui ne se trompe pas du tout sur la perception des objets, qui me reconnaît et qui reconnaît très bien mon cabinet dans lequel il est déjà venu plusieurs fois. Bien mieux, ces notions, relatives à la situation, il peut parfaitement les exprimer en paroles. Il récite très bien mon adresse, 54, rue de Varenne, et il sait aussi réciter l'adresse à laquelle il habite dans un autre quartier de Paris. Il ne lui manque donc rien sur la posture ni sur la situation, mais il proteste toujours : "Mes paroles ne signifient rien, savoir parler ce West rien, c'est ce qu'il y a de plus bête au monde. je parle bien et je n'en suis pas moins un idiot réduit à zéro. je récite votre adresse, je reconnais que je suis dans votre cabinet, mais cela ne fait rien, je suis tout de même complètement perdu, sans savoir où je suis." Cette observation ne montre-t-elle pas bien que la notion de position est quelque chose de plus que la notion de situation ?

L'examen du malade explique très bien cette différence : "Je suis perdu, dit-il, parce que je ne sais jamais ce qu'il faut faire pour aller quelque part ; je suis ici dans votre cabinet, je le sais bien, Mais comment faut-il faire pour. en sortir, je ne sais pas du tout où est la porte, dès que je ne la vois plus ; je ne sais pas où est l'escalier, où est la rue. je récite mon adresse, c'est entendu, mais je ne sais pas du tout ce qu'elle signifie. La maison où j'habite est-elle en face, en arrière, à droite, à gauche., je n'en sais absolument rien. Et je ne peux pas me servir d'un plan de Paris, je ne comprends absolument rien à une carte, je ne sais plus ce qu'elle veut dire, c'est joli pour un officier !" Nous reviendrons plus tard sur le problème de la carte, mais remarquons déjà un fait bien net. Ce malade se sent perdu, quoiqu'il ait bien le sentiment de la situation, parce qu'il a perdu la représentation des directions, parce que, à partir du point où il est et que donne la situation, il ne sait pas ce qu'il faut faire pour se rendre à d'autres points, à la porte, à la rue, à sa maison. Or ce qu'il faut faire pour se rendre à ces points c'est une marche plus on moins prolongée dans une certaine direction. Désignons cette marche particulière d'un nom générique, c'est un voyage, j'entends par ce mot la marche, sa longueur et sa direction. Se rendre compte exactement de sa position c'est réunir dans l'esprit non seulement la perception de la situation présente, mais la représentation du voyage qu'il faut faire pour aller à d'autres endroits déterminés. je suis ici bien loin de chez moi, mais je ne suis pas tout à fait perdu, d'abord parce que je compte sur vous, mais surtout parce que, à la perception de cette salle, je joins la pensée nette du voyage de retour à Paris.

Cela est évident dans toute orientation : quand le commandant d'un bateau fait le point, il ne détermine pas seulement sa situation, car il sait bien qu'il est sur l'eau et que le soleil est en haut, mais il détermine en même temps sa direction pour aller à Rio ou à Buenos-Aires et la longueur du chemin qui reste à parcourir, et c'est là ce qu'il écrit sur la petite feuille qui indique le point aux voyageurs. Quand on demande à un malade s'il est bien orienté, s'il connaît bien sa position, on ne se contente pas d'une réponse sur la situation : "je suis dans une salle blanche devant un médecin." On lui demande, en outre, la direction qu'il va prendre pour sortir de l'hôpital, pour aller à la place voisine, pour rentrer chez lui.

Il y a donc un "chez lui" : la position est comme toujours incarnée dans un objet qu'elle crée. Le premier de ces objets c'est notre maison, notre chambre. Le primitif avait sa case, et nous ne sommes pas rassurés, dans un pays étranger, avant d'avoir un hôtel qui devient notre maison et une chambre, c'est par là que nous commençons. Cette maison, cette petite case du sauvage, est étroitement rattachée à sa personne, elle constitue, comme disaient les sociologues, une de ses appartenances. Nous aurons à en parler quand nous arriverons à la personne, à l'individualité.

Mais cette position dans notre chambre a de grands *inconvénients au* point de vue intellectuel. Ce point de vue, nous le verrons de plus en plus, est le point de vue social, il réclame une entente entre plusieurs individus. Or nous sommes nombreux et chacun de nous a sa chambre, ce qui va faire d'innombrables chambres dont nous ne pourrons pas retenir les positions. La société et la police dont je vous parlais interviennent et nous disent : votre chambre est une position trop personnelle, elle ne nous intéresse que dans des cas très particuliers ; il vous faut une position que tout le monde puisse *connaître et* la société a inventé La grande place du pays.

Nous savons quelle importance a la place du village, la place de l'église, la grand place, comme on dit encore dans nos campagnes. Nous sommes tous orientés par rapport à une grand'place : "Ramenez-moi à la place de la Concorde et je saurai me débrouiller."

Les places qui servent de point de repère ont été caractérisées par des rites sociaux, des distinctions de clans, c'est l'endroit où était placé le drapeau du groupe, de la tribu. Nous avons chacun une conduite particulière pour nous rendre de la grand'place à notre chambre.

Nous retrouvons donc aujourd'hui un second objet artificiel créé par l'intelligence élémentaire, la grand'place que nous ajouterons à la route découverte dans la dernière étude. La grand'place n'est pas plus que la route un objet naturel comme un fruit ou un rocher. Si on supprime les hommes il n'y a pas plus de grand'place que de route.

C'est bien un objet intellectuel qui n'existe que par l'intelligence humaine.

La position correspond donc à une conduite psychologique analogue à la conduite de la direction. Cette conduite aussi est double, elle consiste à combiner, dans une seule action, les réflexes de situation et la représentation du voyage vers la grand'place. Cette *combinaison intellectuelle* a été probablement tardive car elle est assez compliquée. Il est probable que bien longtemps les premiers animaux se sont bornés à des réflexes de situation. Dans la dernière leçon je vous disais que des animaux qui sortent du nid, des fourmis par exemple qui sortent de la fourmilière et qui y rentrent, n'ont pas nécessairement la conduite de l'aller et retour. Nous voyons aujourd'hui que des animaux qui vont et qui viennent assez correctement à divers endroits n'ont pas nécessairement la *notion de* leur position. Nous l'avons bien vu par l'observation du capitaine Zd... Ces êtres ont des perceptions de situation successives, chacune suffit au moment présent. C'est peu à peu, quand il s'est agi de voyages *lointains, quand* des relations sociales plus développées ont rendu nécessaire l'indication de notre position aux autres pour qu'ils puissent nous retrouver sans nous voir, qu'il a fallu préciser la situation et la transformer en position par une action intellectuelle double.

2 - Les divers points de l'espace.

Ces premières conduites de position d'où vont sortir tant de formes du langage comme les cas locatifs, tant de jugements et bientôt, en les com*binant avec* les conduites de contenance, toute la géométrie, ont une importance considérable et nous devons noter, même dans cette intelligence élémentaire, les formes variées qu'elles peuvent prendre.

Remarquons d'abord que ces conduites de position, comme les conduites de direction, se présentent nécessairement sous deux formes. Il s'agit de conduites essentiellement sociales, car un être isolé qui ne se préoccuperait pas de ses semblables peut trouver sa nourriture et son nid uniquement par des conduites perceptives et par des conduites de situation. C'est quand il a besoin de faire connaître aux autres où il est, sans le montrer effectivement, qu'il a besoin de ces conduites relationnelles. Il nous faut alors nous préoccuper de notre position à nous, par rapport à la grand'place, pour que les gens de la grand'place puissent venir nous rejoindre et il faut tenir compte aussi de la position de la place par rapport à nous pour que nous puissions aller faire visite aux autres sur cette place. Ce sont les deux aspects de la position comme l'aller et le retour étaient les deux aspects de la direction.

Ces deux conduites ne diffèrent que par l'importance donnée à l'un des deux termes de l'action : quand il s'agit de faire venir les autres vers moi, c'est ma situation actuelle, les perceptions de cette situation qui sont l'essentiel et qui sont à la phase de consommation. Le voyage qui doit être fait par les autres n'est que représenté à la phase de l'érection, Quand il s'agit de ma visite à moi sur la grand'place, c'est le voyage qui est essentiel et qui s'exécute à la phase de la consommation. Ma situation actuelle que je dois quitter est nécessaire pour fixer la direction elle-même, mais elle n'est plus que représentée. Il est inutile d'insister sur la position des objets, qui peut être assimilée ici à la position des autres hommes, ou à notre propre position. Placer un objet c'est lui donner une position. Bien souvent pour préciser la direction d'un courant, les physiciens nous disent d'imaginer un homme, un autre ou nous-même, qui nage dans le courant et le courant ou l'objet aura la même direction ou la même position que l'homme.

Il n'en est pas moins vrai que ces positions attribuées aux objets ou aux autres hommes semblent pouvoir être très variées. C'est que dans cette position des objets nous avons introduit un élément complexe qui peut lui-même prendre bien des formes, le voyage. Ce voyage peut être long, ce qu'on appréciera par la réaction de l'effort et par la réaction de la fatigue, l'objet prendra une position éloignée. Le trajet peut être facile et rapide, sans aucun effort, et l'objet deviendra un objet proche juxtaposé à un autre. Le voyage peut comporter des mouvements divers qui sont déjà distingués les uns des autres par les conduites perceptives du corps propre et les objets seront placés au-dessous, au-dessus, à côté, à droite ou à gauche ; ils vont devenir droits ou renversés suivant que leur position correspond ou ne correspond pas aux représentations. J'insiste surtout sur les positions intermédiaires si importantes pour toute l'évolution des rapports. Un objet est intermédiaire entre notre situation initiale et un objet particulier ou, si l'on veut, la grand'place, quand dans le voyage on l'atteint avant l'autre objet ou avant la grand'place. Cette conduite d'intermédiaire dont nous voyons le début va se préciser quand s'organiseront les conduites de la contenance.

Il me semble très important pour tous ceux d'entre vous qui s'occupent de la psychologie des enfants ou de la psychologie des malades de remarquer que ces conduites en apparence si simples qui donnent une place aux objets sont en réalité tardives et fragiles. Dans un très grand nombre de cas les troubles de ces conduites de position deviennent très nombreux.

Vous connaissez les études de M. Piaget sur les jugements de relation chez les enfants, nous les reverrons d'ailleurs encore plusieurs fois. M. Piaget insiste beaucoup sur la difficulté qu'éprouvent les petits enfants pour comprendre les positions intermédiaires. Un enfant comprend très bien qu'une petite fille soit blonde de couleur claire, il comprend également qu'une autre petite fille ait les cheveux bruns de couleur foncée, mais il ne peut pas comprendre qu'une troisième petite fille soit entre les deux, plus foncée que la première et plus claire que la seconde. Je regrette un peu que M. Piaget ne considère à ce propos que des jugements compliqués sur des relations de couleur et des jugements exprimés par des paroles. C'est probablement qu'il a voulu vous laisser de belles études à faire sur les conduites de position intermédiaire et sur leurs lacunes, telles qu'elles sont mises en évidence par les mouvements et par les jeux des enfants.

Ces troubles élémentaires des conduites de position ont justement été bien étudiés, peut-être pour la première fois, par M. Head, de Londres, chez les aphasiques, chez ces malades qui, à la suite d'une hémorragie cérébrale, ont perdu le langage. Ces malades, on ne le savait pas assez, ne peuvent plus mettre un objet entre deux autres, ne savent plus placer une allumette sur une autre et encore moins mettre une allumette en croix sur une autre, ou à côté d'une autre, parallèlement. Ces troubles de localisation élémentaire varient énormément suivant une foule de conditions ; nous aurons d'ailleurs souvent à y revenir[36]. Bien entendu, c'est la question de l'origine des notions élémentaires de la géométrie qui est en jeu.

Passons à une autre variété des conduites de position qui est aussi sous la dépendance des caractères du voyage. Ce qui est si grave dans le voyage, c'est l'acte de partir et aussi l'acte d'arriver : au départ et à l'arrivée dominent les conduites de situation qui effacent un peu les conduites de voyage. Ces deux étapes du voyage sont si graves que leur exécution a donné naissance, comme la position elle-même, à des objets intellectuels particuliers. Savez-vous quel est l'un des objets les plus importants de cette salle au point de vue de l'intelligence, c'est la porte.

La porte est le plus souvent caractérisée par un objet physique, une planche de bois ou de métal qui sépare un endroit d'un autre et qui peut, en se modifiant légèrement,

---

[36] Cf. à ce sujet l'article fondamental de M. Head, Sensation and the cerebral cortex, Brain, 1908 ; bien entendu le grand ouvrage de M. Head sur l'aphasie ; ensuite, entre autres études, les articles de M. Pick, de Prague, sur Les *désordres de* l'orientation ; les recherches de M. Bouvier sur l'aschématie, *Revue neurologique*, 1905 ; le petit livre bien intéressant de M. A. Kaploun, *Psychologie générale tirée du rêve*, 1919 ; l'article si important de M. Cassirer sur Les troubles *du* symbolisme, dont nous parlerons dans un prochain chapitre et des études récentes de MM. R. Gordon et R. Normand, sur ces troubles de la conduite au-dessous du langage, The *british Journal of psychology, general section*, July, 1932.

permettre le passage d'un de ces endroits dans l'autre ou l'empêcher, c'est ce qu'on appelle ouvrir et fermer la porte. Cette forme particulière de la porte sera mieux comprise quand nous étudierons le panier et le couvercle du panier. Pour le moment la porte est simplement un endroit plus ou moins étendu où on change de situation ; avant d'arriver à la porte on est dans le salon avec les attitudes qu'il comporte, après la porte on est dans la rue, en public, avec de tout autres attitudes. C'est un point de départ et d'arrivée, c'est un endroit qui correspond aux actes d'entrer et de sortir avec les changements d'attitude qu'ils comportent.

La porte est dans notre vie une chose grave, les malades névropathes le savent bien puisqu'ils présentent des troubles particuliers en rapport avec la porte. Quand on veut conduire un malade négativiste et résistant, c'est toujours au passage des portes qu'il y a les plus grandes batailles. Si ce malade-là n'aime pas les portes, d'autres ont pour elles une affection exagérée : les hésitants, les douteurs qui ne savent jamais nettement s'ils veulent être dans la salle ou s'ils veulent rester dehors veulent un siège tout près de la porte, ou ils restent debout entre les battants des portes et ils encombrent le passage.

La porte exprime une notion de position si compliquée qu'elle n'existe pas ou qu'elle existe à peine chez l'animal. Quand on voit certaines araignées qui mettent leurs œufs au fond d'un tube et qui ensuite ferment le tube par un opercule, on peut se demander si elles ne connaissent pas la porte. Il s'agit plutôt d'un obstacle, d'une protection qu'il faudra détruire pour sortir, ce n'est pas une vraie porte qui s'ouvre et se ferme quand on entre et quand on sort. Les abeilles me paraissent plus intéressantes, elles ne mettent pas à l'entrée de la ruche une vraie porte, mais elles sont capables de rétrécir l'ouverture avec de la cire pour empêcher un bourdon d'entrer, elles savent donc qu'il faut passer par là pour pénétrer chez elles. Les abeilles font encore mieux, elles placent l'une d'entre elles en sentinelle auprès de l'ouverture pour qu'elle surveille les entrants et les sortants. N'est-ce pas déjà le concierge qui existe avant la porte et qui la prépare ?

Il faudrait suivre dans l'humanité chez les primitifs et chez les enfants l'histoire de la porte, ce qui n'a guère été fait. Nous rencontrerions chez les primitifs les rites d'entrée et de sortie qui sont si caractéristiques et qui existent encore aujourd'hui quand on dit "bonjour" et "au revoir" sur le pas de la porte. Quand un congrès ou simplement quand un cours commence, il y a un président qui déclare la séance ouverte et qui donne la parole à l'orateur et quand le congrès ou quand le cours est fini le même président prononce "la clôture de la séance" et dit aux auditeurs : "Vous pouvez vous en aller". Il est vrai que ce sont là des portes placées dans le temps, ce qui est plus compliqué, mais ces rites d'entrée et de sortie, de commencement et de fin ont leur simple origine dans l'espace. L'importance de ces portes vient de l'action qu'elles expriment, les portes séparent deux conduites de situation sociale ; en dedans la conduite privée, celle de la famille, au dehors la conduite en public. C'est toujours la distinction des périodes du voyage et des conduites de situation qui est en cause.

Enfin, nous devons signaler, au moins rapidement, des positions sur des points spéciaux, en particulier les positions sur la surface du corps propre. On ne se sert plus beaucoup d'un instrument le compas de Weber, l'œsthésiomètre de Brown-Séquard, qui était d'un grand usage dans ma jeunesse. Nous mesurions l'écartement des deux pointes de l'instrument qui était encore distingué par le sujet quand on opérait sur la peau de son bras deux pressions simultanées et nous nous figurions par cet examen mesurer la finesse de la sensibilité tactile. J'avais déjà remarqué à cette époque bien des irrégularités bizarres ; certains sujets qui paraissaient d'autre part bien sensibles appréciaient très mal cet écartement des deux pointes même quand il était considérable. J'ai même décrit une malade qui ne sentait jamais qu'une seule piqûre même quand on la piquait simultanément au bras et à la jambe : il y avait certainement un malentendu dans l'emploi de cet instrument.

Une étude déjà ancienne de Victor Henry, en 1898, a montré qu'il fallait distinguer la sensation proprement dite, celle de la douleur par exemple, et la précision de la localisation qu'il proposait d'appeler le sens du lieu et qu'il considérait comme une opération psychologique bien différente. M. Head a singulièrement confirmé et précisé cette différence ; pour lui la distinction des deux pointes de l'œsthésiomètre n'est plus du tout une sensation, c'est une opération purement intellectuelle qui comporte des localisations et des appréciations de leur différence. C'est là un phénomène qui se rattache à la notion de la forme et à la notion des degrés, supérieures même à la simple localisation. M. Head va jusqu'à localiser ces deux opérations dans des régions de l'encéphale très différentes, la pure sensation, la sensation protopathique comme il l'appelle, est placée dans les lobes optiques et la distinction des localisations dans l'écorce cérébrale. Nous voyons ici un exemple des dangers auxquels est exposée la psychologie expérimentale, il ne faut pas trop s'efforcer de mesurer au millième de millimètre des opérations et des fonctions dont on n'a pas suffisamment déterminé la nature.

Voilà quelques exemples des si nombreux phénomènes de l'esprit qui dépendent de la notion de position.

3 - Le point de vue.

La conduite de la position, si nous pouvions l'étudier complètement, nous réserverait encore bien des problèmes. Il est seulement nécessaire de vous rappeler, en vue de nos futures études, un de ses plus grands caractères, sa mobilité.

Considérons un moment une illusion visuelle assez célèbre qui a été présentée par Helmholtz sous le nom d'illusion de Sinsteden et qui a donné lieu, récemment, à un article philosophique fort intéressant de M. Paliard, dans la *Revue philosophique* de juin 1930.

Transportons-nous dans un pays où il y a encore des moulins à vent, en Hollande par exemple, et le soir, au crépuscule, quand on voit mal le moulin lui-même, mais quand on voit encore les ailes se détacher sur le ciel, regardons-les tourner. Nous allons avoir alors les uns contre les autres une singulière querelle - les uns diront en regardant la moitié supérieure de la circonférence décrite par les ailes qu'ils voient très bien les ailes tourner de gauche à droite, dans le sens des aiguilles d'une montre. Mais l'autre partie des spectateurs va protester avec indignation et déclarera que, très évidemment, les ailes, dans la moitié supérieure du cercle, tournent de droite à gauche, en sens inverse des aiguilles d'une montre. Si, au lieu des auditeurs de ce cours, gens d'esprit philosophique et modéré, il y avait devant ce moulin deux peuples différents, ces affirmations contradictoires détermineraient des insultes, des haines et une guerre terrible : on a fait de grandes guerres pour moins que cela.

Pour comprendre cette illusion prenons un autre exemple : regardez votre montre, dans le sens normal., le cadran tourné vers vous, les aiguilles tournent de gauche à droite dans la moitié supérieure. Maintenant, supposez que votre montre soit transparente, il existe d'ailleurs des cadrans en verre de ce genre. Regardez votre montre à l'envers par transparence et vous verrez réellement les aiguilles tourner de droite à gauche. Pourquoi les choses se passent-elles ainsi ? Nous. ne pouvons pas l'étudier : c'est encore un tour de cette fameuse opposition du côté droit et du côté gauche, de leur changement quand on fait l'aller et le retour ; quand nous sommes bien en face d'un homme, son bras gauche est en face de notre bras droit et quand nous tournons derrière son dos, c'est son bras droit qui se met devant notre bras droit, mais ne retenons qu'une chose c'est que les aiguilles de la montre tournent de gauche à droite ou de droite à gauche suivant que nous sommes placés devant elles ou derrière elles. Il en est de même pour les ailes du moulin, elles tournent dans un sens quand vous êtes placés devant elles, devant leur axe, elles tournent dans le sens opposé quand vous êtes placés derrière elles, derrière le moulin. Dans la demi-obscurité du crépuscule vous ne distinguez pas bien si vous êtes devant les ailes ou derrière le moulin et suivant les dispositions de votre imagination vous vous placez devant ou derrière. Nous ne faisons pas tous la même supposition et c'est pour cela que nous nous sommes querellés.

Nous apprenons ainsi que notre position change absolument l'aspect des choses et que le moindre déplacement du corps peut changer notre position ; c'est ce qu'on appelle le point *de vue*. Suivant le point de vue où nous nous plaçons nous voyons les choses d'une manière ou d'une autre. Nous apprenons aussi, par cet exemple, que nous avons la faculté de changer notre point de vue suivant la position que nous prenons ou que nous imaginons prendre.

Ce changement de position est si important que sans le remarquer nous l'utilisons à chaque instant dans une foule de raisonnements. Prenons une opération arithmétique bien simple que l'on enseigne constamment aux malheureux petits enfants. On veut apprendre à un enfant à additionner 7 + 5 et, pour le lui faire comprendre, on le prie d'écrire la série des 7 premiers nombres à partir de 0 ; il le fait correctement. On lui dit alors : "Maintenant, c'est bien simple, compte encore jusqu'à 5." L'enfant, docile, reprend sa ligne de chiffres et répète 1, 2, 3, 4, 5. Le professeur se fâche et lui dit : "Mais non, il faut compter jusqu'à 5 à partir de 7." L'enfant, docile, récite 8, 9, 10, 11, 12, 13, 14 et dit en gémissant qu'il ne trouve pas de 5 ; le professeur le traite d'imbécile. Mais ce que le professeur a oublié de dire à l'enfant c'est qu'il faut compter 5 à partir de 7 en considérant ce 7 comme un 0. L'enfant comptait toujours à partir de 0, mais il mettait ce 0 n'importe où dans le tableau. Il faut qu'il apprenne maintenant à mettre le 0 à la place du 7. L'essentiel de l'addition est le déplacement du 0, le déplacement de la position de départ. Un grand nombre de raisonnements arithmétiques et géométriques dépendent de ces changements de posisition, de ces déplacements de position. Le plus étonnant de cette histoire, c'est que le petit enfant finit par faire des additions et des soustractions sans avoir compris le travail étonnant qu'on lui demandait.

Cette liberté de l'esprit qui sait changer son point de vue est une qualité essentielle, car il est un changement de point de vue qu'il est essentiel de savoir faire. C'est une grande vertu que de savoir sortir de son point de vue à soi, de sa position habituelle pour pouvoir se placer dans le point de vue des autres. La maladresse de l'esprit consiste souvent dans une certaine raideur qui fige les hommes dans leur point de vue et qui les rend incapables de se placer à un autre point de vue, ou même de comprendre qu'il y en ait un autre également possible. Quand nous sommes souples, capables de changer de position et de point de vue, nous comprenons et nous excusons les opinions des autres, nous savons dire : "non, ce n'est ni un criminel, ni un menteur, quand il prétend voir tourner les ailes du moulin dans un autre sens que je ne le vois moi-même, c'est simplement un brave homme qui, dans la demi-obscurité, s'est imaginé être en arrière du moulin, tandis que j'imaginais être en avant et il ne faut pas lui déclarer la guerre."

Malheureusement, cette gymnastique est difficile à faire et toutes les faiblesses, toutes les maladies de l'esprit la suppriment. Les enfants, disait M. Piaget, sont caractérisés par des jugements absolus, ils sont longtemps incapables de former des jugements relatifs. Ils restent placés à leur point de vue et ne comprennent pas qu'il puisse en exister d'autres.

Bien des maladies de l'esprit sont du même genre et nous montrent l'entêtement dans une fausse position de l'esprit d'où il est bien difficile de les faire sortir. Retenons de notre étude le danger des positions fausses, dispositions absolues et immuables, surtout quand il s'agit de positions sociales. De se croire toujours et absolument au-dessus d'un autre est tout aussi absurde que de se croire toujours au-dessous, car à certains points de vue on est au-dessus et à certains autres on est en-dessous. Sachons que la notion de position si primitive qu'elle soit est aussi importante que difficile et qu'elle joue un rôle considérable dans les progrès de l'esprit.

Chapitre III
La production, l'outil

Les actions élémentaires aboutissent toujours à la formation d'un objet qui en est l'expression, le résumé. Dans nos études précédentes nous avons commencé par l'étude de l'action elle-même et nous terminions par l'examen de l'objet qui en est le résultat, c'est ce que nous venons de faire en parlant de l'acte de la direction, de l'acte de l'aller-retour qui aboutissaient à la route, à la place, à la porte. Nous nous trouvons aujourd'hui en présence d'un objet intellectuel dont l'importance est si grande que cet objet doit être connu tout d'abord ; après sa description nous tâcherons de nous représenter par des hypothèses, évidemment un peu aventureuses, l'action qui est le point de départ de cet objet.

Cet objet si remarquable est l'outil dont les hommes se servent dans leurs actions. Aujourd'hui les outils nous environnent, nous vivons au milieu d'outils, on pourrait presque dire que nous ne faisons plus aucune action sans outils. Nous mangeons avec des cuillers et des fourchettes, nous dormons dans un lit, nous marchons avec une canne, nous nous servons continuellement de papier, d'encre, de plumes, de tables, de chaises, de bancs plus ou moins durs. L'humanité s'est complètement développée au milieu des outils et c'est grâce à l'outil qu'elle a conquis la surface du globe. On a divisé et classé ces innombrables outils suivant qu'ils utilisent simplement la force humaine ou qu'ils la combinent avec d'autres forces naturelles. C'est grâce à l'outil que nous nous servons de la vapeur, de l'électricité, de toutes les forces de la nature, même dans les machines les plus perfectionnées qui utilisent ces forces se trouvent des vis, des poulies, des leviers qui sont encore de simples outils.

1 - Les caractères de l'outil.

Les philosophes contemporains ont repris une idée qui avait déjà été exprimée par Buffon et ont dit que ce qui caractérisait le mieux l'homme, ce n'était pas la parole ni l'intelligence, c'était l'outil. M. Bergson définit l'homme *"homo faber, l'homme* ouvrier, l'homme fabricant"* ce qui lui convient peut-être mieux que le mot "*homo sapiens*" que M. Charles Richet traduisait "l'homme stupide". Cette définition de l'homme par l'outil, si elle est sur certains points assez juste, renferme cependant une exagération car, ainsi que nous allons le voir, l'homme n'est pas le seul être vivant qui se serve d'outils : bien des animaux avaient déjà inventé l'outil avant nous.

Qu'est-ce donc que cet outil qui se trouve répandu partout et qui a donné à l'homme une force si considérable ? On peut commencer par reconnaître quatre caractères importants qui peuvent au moins nous servir à reconnaître les objets qui méritent le nom d'outils.

Le premier caractère, c'est qu'un outil est un objet matériel ; un outil n'est pas une parole, ce n'est que par une métaphore qu'on dira : la parole sert d'outil. L'outil est un objet physique comme les autres et sur ce point il ressemble au morceau de pierre, au rocher, aux arbres, aux fruits qui nous entourent : c'est un objet de la nature physique. Cet objet matériel ne doit pas être confondu avec les corps vivants, l'outil proprement dit, tel que les hommes le comprennent, n'est pas une partie d'un être vivant, il est un objet indépendant.

Le deuxième caractère sera un caractère négatif : cet objet physique n'est pas utile en lui-même. Les premiers objets extérieurs satisfont nos tendances élémentaires et nos besoins : les fruits servent à notre nourriture, nous n'avons qu'à les manger. Or on ne mange ni un marteau ni un couteau ; un outil ne peut pas nous servir directement à satisfaire nos besoins.

Un troisième caractère intéressant peut être tiré de la forme même de l'objet que nous appelons un outil. Un outil quelconque, un marteau, un ciseau, un couteau présente toujours deux parties : l'une est variable suivant l'outil : elle est plate, dure, lourde dans le marteau, elle est mince et tranchante dans le couteau, elle est aiguë, pointue dans un poinçon. L'autre partie au contraire qui existe dans tous les outils est toujours semblable dans tous les outils, nous l'appelons le manche. Un outil a toujours un manche. C'est une partie qui semble ne pas servir à grand'chose, elle ne peut pas frapper sur un clou, elle ne peut pas couper ni pénétrer dans le bois. Mais elle a une forme caractéristique, assez petite, lisse, arrondie. Cette forme est précisément la forme de l'intérieur de la main de l'homme, tous les outils doivent présenter une extrémité, un manche qui puisse entrer dans notre main, être tenu dans notre main. Nous ne pouvons indiquer un Outil qui ait un manche colossal de deux mètres de large qu'aucune main ne puisse saisir. Ce caractère du manche adapté à la main humaine doit être retenu et nous aurons à y revenir à la fin de cette étude.

Enfin le quatrième caractère est le plus important : mis dans la main de l'homme, l'outil augmente d'une manière souvent remarquable l'efficience de l'action humaine. Vous savez que l'action humaine que l'on considère souvent comme si petite, si misérable a cependant un effet extraordinaire, c'est qu'elle change toujours quelque chose de la face du monde. Quand je mets à ma droite ce papier que le destin avait mis à ma gauche, je change l'ordre de l'univers ; quand nous mangeons une pomme, nous supprimons l'existence de la pomme, c'est peu de chose si vous voulez, mais ce n'est pas rien et l'être vivant possède par le fait même qu'il vit une certaine efficience.

Cette efficacité de l'action dépend chez les animaux primitifs de la grosseur des membres, de la force des muscles et l'homme, sur ce point, était assez mal partagé. L'homme ne peut soulever qu'un poids assez petit, il y a maint objet qu'il ne peut songer à déplacer, il ne peut avec ses mains se frayer un passage dans un épais fourré d'arbres et d'épines, il ne peut écraser des choses trop dures. Or, par une sorte de miracle, le fait de tenir dans sa main un outil par son manche augmente dans des proportions énormes cette efficience de l'homme. L'homme qui tient ainsi un marteau peut casser des choses qu'il ne modifierait pas avec sa main nue, il peut enfoncer un poinçon dans des substances qu'il ne pourrait pas pénétrer avec son doigt. Le pourquoi de cette augmentation de l'efficience est bien difficile à comprendre, il nous montre un fait dont nous aurons sans cesse à parler, c'est que l'action humaine est toujours plus efficiente quand elle appartient à un stade psychologique plus élevé et l'outil appartient précisément à des actions intellectuelles. En voyant ce succès de nos actions plus élevées et de nos outils, nous ne sommes pas loin de penser que nous finirons par inventer des outils qui nous permettront de voyager dans les astres et de nous rendre les maîtres du monde. En résumé, l'outil est un objet matériel, en lui-même inutile, dont une extrémité a une forme qui s'adapte à la main humaine et qui, mis dans cette main, augmente beaucoup l'efficience de l'action humaine.

Pour comprendre ce singulier outil il nous faudrait connaître un peu son origine et son histoire. L'outil n'existe-t-il que chez l'homme, ne le trouve-t-on pas déjà chez les animaux qui nous ont précédés dans la conquête de la terre ?

Les insectes nous présentent à propos de l'outil un problème très curieux. Dans une fourmilière, dans une ruche d'abeilles nous ne voyons pas d'outils proprement dits auxquels correspondent les quatre caractères précédents, nous ne voyons pas d'objets matériels adaptables au corps par un manche, mais distincts de ce corps de l'insecte. Les rayons qui contiennent le miel des abeilles sont plutôt des réservoirs, des caisses de provisions que nous étudierons à propos du panier. Mais pouvons-nous dire qu'il n'y a rien dans la fourmilière qui possède le quatrième caractère, c'est-à-dire qui augmente l'efficience de l'être vivant ?

Nous remarquons cependant chez les insectes des mandibules pointues qui permettent de percer, de serrer, de porter des objets, des pattes de diverses formes adaptées à divers travaux exactement comme nos Outils. On a pu faire des énumérations fort curieuses et indéfinies des outils que possèdent diverses insectes et qui sont tout à fait comparables à tel ou tel de nos outils les plus parfaits. "L'animal connaît, disait M. L. Cuénot [37], le pic, la pelle, la scie, la lime, la pince, le marteau, la perforatrice, les instruments de musique, les ventouses, les boutons à pression, la flèche, l'ancre, la rame, le filet, le peigne, la brosse, la pile électrique, le parachute, la cloche à plongeur, les appareils d'éclairage., le rail et la rainure de guidage, la canule à injection et les gaz toxiques." Vraiment il ne nous a pas laissé grand'chose à inventer.

Si, cependant, il y a un outil remarquable que l'insecte ne possède pas, c'est la roue. Mais on nous répondra tout de suite : il y a une raison matérielle pour que les animaux ne possèdent pas la roue, c'est que tous les outils dont nous venons de parler sont constitués par les membres mêmes de l'animal. C'est là le grand caractère de ces outils primitifs, ils sont des parties mêmes du corps de l'être vivant. Or ces parties sont parcourues par des nerfs, des artères et des veines. Si les membres tournaient indéfiniment autour de leur axe ils enrouleraient et détruiraient ces éléments essentiels, nerfs, artères, veines et ne pourraient plus vivre.

Une autre conséquence de ce caractère intérieur, vital des outils des insectes, c'est que l'outil ne peut guère être changé. Le homard a mis une forte pince au bout de ses bras, c'est évidemment assez commode pour saisir une nourriture qui passe dans l'eau ou sur le rocher ; mais si la proie était dans le sable et s'il fallait creuser pour la prendre, le homard voudrait peut-être changer sa pince pour une pelle. La pince n'étant pas indépendante du corps et de son organisation ne peut être changée en pelle que par une modification de tout l'organisme au cours de bien des générations. C'est un peu long et en somme la bête qui sera alors construite et qui aura une pelle ne sera plus notre homard. Autant dire que celui-ci ne peut pas changer sa pince en pelle. Ce sont là de grands inconvénients de ces premiers outils inhérents au corps lui-même.

On allait un peu vite autrefois en disant que l'animal ne savait pas se servir d'un outil extérieur à son corps, indépendant de son organisme. Des ouvrages contemporains qui tiennent compte du comportement de l'animal dans son

---

[37] *L. Cuénot, L'inquiétude métaphysique, 1928, cité* par M. Jacques Chevalier, *L'habitude, 1929, p. 134.*

milieu nous décrivent aujourd'hui des faits qui semblent quelquefois bien invraisemblables. Je vous signalerai le travail de M. H. Piéron, "Les problèmes de l'instinct", *École d'anthropologie*, 1908, p. 526, et le livre remarquable de M. Vignon, Introduction à la *biologie expérimentale des êtres* organisés ; activités, instincts, structures, 1930. L'éléphant casse des piquets de bambous et s'en fait des grattoirs pour déloger les sangsues fixées à sa peau, il prend une branche feuillue pour s'en faire un éventail [38]. Des oiseaux, les paradisiers, choisissent de petits objets blancs, verts et brillants à l'exclusion du jaune, du bleu ou du rouge pour décorer les allées de leurs jardins d'amour ; il y a des guêpes qui se servent d'un petit caillou pour bien pilonner l'entrée (je leur terrier. Que dire d'une espèce de fourmis des Indes, oecophylla smaragdina, qui tiennent des larves dans leurs mandibules et leur font sécréter une matière collante ? Elles se servent de ces larves sécrétant de la colle comme nous ferions d'un tube de caoutchouc liquide pour boucher le trou de nos pneus. Elles collent ainsi les deux bords d'une feuille d'arbre qu'elles veulent réunir. Que dire des fourmis qui cultivent des jardins de champignons et des crustacés qui tiennent devant eux des actinies dangereuses pour s'en faire une arme défensive ?

C'est quand on arrive aux singes, nos cousins germains, que l'utilisation de l'instrument externe prend une importance surprenante. Déjà Chevreul parlait d'un singe qui attirait du pain avec sa queue, en quoi il se montrait plus malin que ses collègues. Les singes savent jeter des noix de coco à la tête des gens, ils aiment à tambouriner sur des morceaux de bois, sur des tonneaux ou sur des casseroles. Darwin parle d'un singe qui soulevait un couvercle avec un morceau de bois comme avec un levier.

Mais toutes ces observations anciennes ont été étonnamment dépassées par le beau livre d'un auteur allemand, M. W. Köhler, *L'intelligence des* singes supérieurs, traduit en français en 1927. M. Köhler a été retenu un certain temps pendant la guerre dans l'île de Ténériffe, où on entretenait des

---

[38] Ribot, *Évolution des idées générales*, 1897, I. p. 21.

chimpanzés pour les laboratoires de microbiologie. Il établit avec ces singes les meilleures relations et fit sur leur comportement une foule d'expériences remarquables. C'est à ces expériences que nous avons déjà fait allusion dans une leçon précédente en parlant du détour. je vous avais dit que les singes de M. Köhler n'ont aucune hésitation à se servir d'un bâton pour attirer les objets, ici des bananes, que l'on plaçait en dehors de leur cage.

Un jour, devant le plus intelligent de ces animaux qui s'appelait Sultan (son nom mérite de passer à la postérité) on mit devant la grille une banane un peu plus éloignée. Sultan, comme toujours, ramasse sur le sol de la cage un bambou dont il veut se servir pour attirer la banane, mais, oh malheur ! le bâton est trop court et ne peut atteindre le fruit. Il se passe alors un phénomène qui est déjà psychologique et sur lequel nous reviendrons : le singe est dépité, il a une déception et la manifeste par des cris et des coups de poing sur la poitrine. Il fait résonner son tambour, comme dit M. Köhler. Puis il se calme et prend l'attitude d'un enfant qui boude, il se met dans un coin et ne veut plus voir cette banane, il se dit comme le renard de la fable : "ils sont trop verts". Mais sa bouderie ne dure pas : au bout d'un quart d'heure, il jette un coup d'œil oblique vers la banane et reprend son bâton, mais en même temps que ce bâton il en a ramassé un second, un petit bambou. Alors il commence par une opération très intéressante que l'auteur appelle d'un mot très juste, une "bonne faute". Il dispose les deux bâtons l'un à la suite de l'autre et avec le grand pousse le petit jusqu'à ce qu'il arrive à toucher la banane : premier succès. Mais quand il veut attirer la banane, le petit bâton se sépare du grand, d'où de nouveau déception et colère. Il retourne dans son coin et recommence à bouder. Au bout d'un certain temps, chose que je trouve extraordinaire, il reprend le petit bambou et l'enfonce dans le grand, si bien qu'il dispose d'un bambou plus grand. Alors il attrape la banane et la mange : il l'avait bien Méritée ! Une autre fois on mit une banane au sommet de la cage, à un point trop élevé pour que les singes pussent l'atteindre malgré leur invraisemblable agilité. Après bien des essais infructueux, les chimpanzés vont prendre une caisse et la mettent sous la banane, et comme une caisse ne suffit pas, ils en mettent une seconde, puis une troisième et, sur cet échafaudage, ils grimpent et prennent la banane. On pourra critiquer cette expérience, car les singes sont assez maladroits dans la statique. Nous savons mettre une lampe sur son pied, afin qu'elle tienne debout. Les singes, quand ils mettent des caisses les unes sur les autres, n'observent pas les lois de l'équilibre et quand ils grimpent sur leur construction, tombent neuf fois sur dix ; mais ils recommencent et le hasard fait parfois qu'ils finissent par réussir. Néanmoins, je trouve cela énorme de la part des singes. Il y a là non seulement l'usage de l'outil, mais la construction de l'outil. Il y a, d'ailleurs, dans ce livre, toute une étude sur la préparation des instruments qui montre des combinaisons bien intelligentes.

Une autre étude sur les singes est à rapprocher de celle de M. Köhler, c'est l'étude qui a été faite au Muséum de Paris et à l'Institut Pasteur par deux psychologues français, M. Paul Guillaume et M. Ignace Meyerson. Ces études, qui ont pour titre, *Recherches sur* l'usage de l'instrument chez le singe, ont été publiées dans le *Journal de p*sychologie, 15 juillet 1931, p. 481.

Ces auteurs ont surtout étudié l'acte du détour avec un instrument, le bâton. Nous avons déjà décrit ce tiroir ou ce labyrinthe qu'ils placent devant la cage. Pour faire sortir la banane de la boîte il faut la pousser délicatement avec le bâton dans différentes directions qui sont loin d'être la direction directe vers l'animal. Il y a une de ces expériences de détour au moyen d'une corde qui me paraît témoigner chez l'animal d'une observation intelligente particulièrement remarquable. Les singes n'hésitent pas à tirer à eux une banane attachée à une ficelle dont le bout est placé à leur portée dans la cage. En somme les singes sont déjà habitués à des fruits suspendus au bout d'une longue branche, la banane au bout de la ficelle n'est qu'un fruit avec une queue un peu longue qu'il suffit de tirer. D'autres animaux comme le cheval sont loin d'être aussi forts et un cheval mourrait de faim avant d'attirer à lui une botte de foin fixée à une corde qu'il devrait tirer.

Dans l'expérience dont je veux parler et qui ne peut être bien comprise que grâce à un petit dessin (fig. 6), la corde est fixée par une extrémité à un poteau solide en dehors de la cage. La banane est attachée sur cette corde à une distance à peu près égale à celle qui sépare le poteau de la grille quand cette distance est mesurée perpendiculairement à la grille. Mais, pour le malheur de nos pauvres singes, la corde est tendue obliquement et entre dans la cage à une de ses extrémités. On a beau tirer sur la corde on n'approchera pas la banane. Il faut habilement, en se servant d'une main après l'autre, faire passer la corde de barreau en barreau jusqu'à ce qu'elle devienne perpendiculaire à la grille, position de la corde que je marque en pointillé, là banane est alors dans la cage. C'est un véritable problème de géométrie. Eh bien, les singes supérieurs, les chimpanzés, le résolvent facilement.

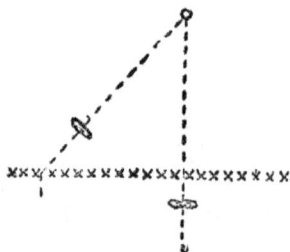

Figure 6.

Pour la satisfaction de notre dignité humaine, je vous dirai qu'un psychologue américain, M. Paul Brainard [39], a répété, avec une petite fille de 3 ans (exactement 2 ans et 7 mois), toutes ces expériences qui avaient été faites sur des singes et nous constatons, avec satisfaction, que cette petite fille, qui s'appelait Ruth, s'est montrée partout aussi intelligente que le chimpanzé Sultan. Toutes ces études nous montrent bien que la

---

[39] Paul Brainard, The mentality of a child compared with that of apes. *Journal of genetic psychology*, juin 1930.

conduite de l'outil est antérieure à l'homme et qu'elle était déjà bien développée chez le singe.

Il n'en est pas moins intéressant de constater à apparition de l'outil dès les débuts de l'humanité. Vous vous rappelez peut-être l'événement historique si important, les découvertes de Boucher de Perthes, en 1870. Cet auteur, qui habitait dans le nord de la France, a montré que, dans la baie de la Somme, dans les alluvions qui faisaient autrefois le fleuve, on découvrait de singuliers cailloux. Ces pierres avaient une forme bizarre : par un côté on pouvait les tenir et par l'autre côté on augmentait l'efficacité de l'action. Avec ces pierres on pouvait couper des fruits, racler du bois. Il y avait des pierres pointues d'un côté, tandis que de l'autres elles avaient comme un manche qu'on pouvait tenir avec la main. Boucher de Perthes a soutenu à ce moment que c'étaient des outils en pierre, en silex, mais des outils qui avaient été utilisés par des hommes qui nous ont précédés il y a bien des siècles et qui s'en servaient comme nous nous servons aujourd'hui du marteau ou du canif.

Vous pensez bien que cette découverte a soulevé des tempêtes d'indignation ; on faisait remarquer que ces outils sont en silex et que le silex a la propriété de se casser de manière irrégulière. On trouve ces silex dans des falaises calcaires où ils sont entourés de terre humide. On déclarait donc : les silex contiennent de l'eau à l'intérieur ; quand on les expose au soleil, ils sèchent et en séchant ils éclatent en fragments très irréguliers, et on ajoutait : ce que vous avez ramassé là, ce sont des silex éclatés, c'est au hasard qu'ils doivent cette forme que vous trouvez extraordinaire.

Nous ne discuterons pas la question aujourd'hui, mais nous pouvons prendre un exemple qui montre que l'hypothèse du hasard est bien puérile. Considérons un de ces silex tel que j'ai eu l'occasion d'en trouver dans cette région. Si vous voulez en voir, allez à Boulogne, il y a des dunes de sable énormes qui sont au bord de la mer ; derrière ces dunes ou entre elles il y a des endroits plats, formés de sable de mer, que les gens du pays appellent d'un nom singulier : les ateliers. En effet, très facilement, en fouillant la surface du sol on y découvre par milliers des silex de ce genre, qui ont la forme pointue d'un couteau.

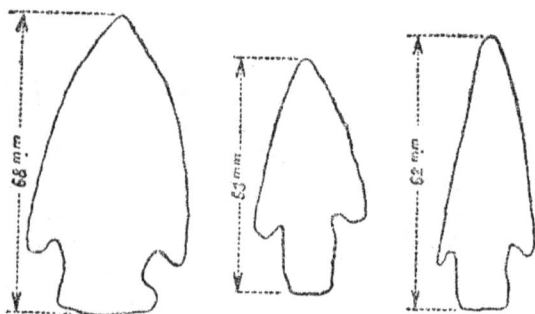

Figure 7.

J'ai eu l'occasion de trouver un de ces outils en silex et une personne qui en avait ramassé plusieurs m'en a donné d'autres en obsidienne. Voici leur forme : ces petits silex sont des lamelles minces ; ces petits fragments de silex ont environ trois centimètres de large et quatre de long. La partie supérieure est en triangle et le triangle se termine par des angles rentrants formant une petite queue (fig. 7). Ce genre de silex est assez fréquent dans les ateliers. Eh bien ! vraiment, pouvons-nous croire qu'une explosion du silex puisse faire ce travail ? C'est une forme bien extraordinaire et le hasard aurait eu de la peine à la réaliser. D'autre part, les paléontologistes qui ont étudié ces silex font remarquer que sur le bord de cet objet se trouvent une série de petites étoiles innombrables qui montrent qu'il ne s'agit pas d'une seule explosion mais d'une centaine de petites explosions, explosions qui présentent à leur centre une petite cupul, un petit trou. Il faut vraiment non pas que le silex ait éclaté mais qu'il ait été frappé. Il faut donc supposer que d'autres silex ont frappé en tous ces points, avec une régularité telle qu'ils lui ont donné cette forme tranchante aux pointes et aux extrémités latérales. Cela ressemble trop à une chose que nous connaissons, à l'extrémité d'un harpon ou à une pointe de flèche. Il nous semble probable que primitivement cette extrémité se trouvait, d'une manière quelconque, attachée à un bâton : par conséquent il y avait un manche ou le commencement d'un manche. Cette extrémité pointue, munie de cette sorte de harpon, était destinée à piquer et à arrêter.

Aussi, après bien des controverses, ces premiers objets ont-ils été considérés comme des outils, et la discussion s'est calmée : il a été entendu que ces silex étaient des outils préhistoriques. De vastes recherches on été entreprises. On en a trouvé des milliers et des millions non seulement dans la baie de la Somme mais dans bien d'autres régions, on en a trouvé de toutes espèces. On a pu les grouper, les répartir et on a même distingué des périodes. Vous savez qu'il y a des groupes de ces silex qui sont seulement de la pierre taillée à coups d'autres pierres ; d'autres où les aspérités ont été effacées par le frottement. On a pu constater que les silex se trouvaient dans tels terrains géologiques correspondant à telles périodes et que les hommes à cette époque les faisaient avec plus ou moins d'adresse.

Ainsi, l'outil n'est pas une invention récente. Il faut constater son existence à une époque très reculée que les paléontologistes évaluent à bien des milliers d'années. La découverte des outils préhistoriques nous permet donc d'affirmer que l'outil correspond à une opération psychologique très élémentaire.

Il serait très intéressant pour nous de suivre les progrès de l'outil et de voir les énormes conséquences plus graves encore au point de vue psychologique qu'au point de vue industriel que détermine son invention. L'outil est un intermédiaire entre l'action de l'homme et les choses : quand l'homme comprend son rôle il le considère comme un élément indispensable de son succès et crée par là-même l'idée de moyen qui va jouer un grand rôle dans les idées si importantes de finalité et de causalité. Mais ces idées se forment un peu plus tard au stade psychologique des rites industriels et des croyances. Nous les comprendrons d'autant mieux que nous aurons essayé de comprendre l'acte intellectuel élémentaire qui correspond à l'outil.

2 - L'acte de la production.

M. Köhler, qui a si bien observé l'usage et même l'invention de l'outil chez les chimpanzés, essaie peu d'explications psychologiques de ces actes au moins inattendus. Il a probablement raison, car les explications de ces premiers actes de l'intelligence élémentaire sont aujourd'hui prématurées et bien fragiles. Il indique seulement quelques conditions qui jouent un rôle important dans la découverte et dont il nous faudra tenir compte. Il faut, dit-il, que les animaux voient à la fois le terme de leur acte, la banane à conquérir et l'objet qui peut de, venir un instrument de cette conquête. Si le bâton n'est pas dans leur champ visuel qui contient déjà la banane, ils ne penseront pas à le chercher.

En outre, quand nous les regardons travailler, nous voyons qu'ils tiennent compte de la continuité optique, de la perspective oculaire. Dans les essais de ces singes, on voit que l'apparence visuelle est la chose capitale. Nous avons parlé du singe qui met deux bâtons l'un au bout de l'autre et qui pousse le second avec le premier ; il lui suffit de voir les deux bâtons qui ne font qu'un et il croit que cela va réussir. Il y a un autre exemple de "bonne faute" du même genre. Le singe a apporté une caisse, mais elle ne suffit pas. Alors le singe fait un geste très amusant, il prend la caisse dans ses bras et l'élève contre la grille à la hauteur qu'il désire, comme s'il pensait en lui-même : "si cette caisse était là, je pourrais grimper dessus". Il colle sa caisse contre la grille, la laisse là et saute dessus ; naturellement, la caisse tombe et lui aussi. Voilà une faute curieuse. Comme disait M. Köhler, il se préoccupait de la continuité optique. L'auteur en conclut que tout le travail doit se faire par des opérations visuelles et doit être expliqué par des considérations relatives à la forme. Nous voyons ici une allusion à la théorie allemande de la forme, à la "Gestalt théorie" que nous étudierons dans un prochain chapitre. Il y a là une constatation intéressante sur une condition qui facilite l'acte, mais il me semble que ces remarques sur le rôle de la vision ne nous expliquent pas mieux l'acte lui-même. Sans doute M. Köhler nous parle d'une certaine vision relative à la structure de la situation, il nous montre que si le singe ne sait pas décrocher le bâton suspendu à un clou par un anneau, c'est qu'il n'a pas compris la structure. Sans doute, mais qu'y a-t-il à comprendre dans cette structure et de quel acte s'agit-il quand l'animal la comprend ?

Il faut avoir l'imprudence de rattacher cette conduite nouvelle aux actions antérieures et d'imaginer par hypothèse les modifications de l'action primitive qui la rendent possible. La réfutation inévitable de ces hypothèses permettra au moins de diriger des observations et des expériences.

Un des grands caractères de l'action la plus simple que nous avons cru trouver dans ce que nous désignions sous le nom de réflexe psychologique, c'est sa simplicité, au moins sa simplicité dans le temps. Un réflexe de ce genre, comme l'acte de déglutition est, en réalité, composé d'une foule de mouvements simultanés ou successifs, mais quand ils sont déclenchés, ils se présentent tous dans leur ordre jusqu'à la fin, jusqu'à la consommation de l'acte, comme disait M. Sherrington. L'acte de la déglutition ne présente que deux phases, la latence ou la consommation. Si la stimulation est insuffisante il reste latent, si la stimulation est suffisante il se déclenche jusqu'à la consommation. Cette organisation du réflexe est donnée dans l'organisation même du corps qui a peut-être été inventée autrefois, mais qui n'est plus aujourd'hui l'objet de modifications nouvelles sinon très lentement et d'une manière exceptionnelle.

Au stade psychologique immédiatement supérieur que nous avons étudié sous le nom de stade des conduites perceptives ou des conduites suspensives, les actes sont bien plus nombreux et plus complexes. Ils gardent presque complètement cette organisation bien déterminée qui amène la succession ou la simultanéité de mouvements nombreux dans un ordre préétabli. Mais nous voyons apparaître une modification qui m'a paru capitale, et que nous avons déjà signalée, la possibilité de la suspension de l'acte pendant un certain temps après le début de son activation, c'est la phase de l'érection dans laquelle l'action n'est pas revenue à la latence mais n'est pas non plus parvenue à la consommation, dans laquelle une partie des modifications des muscles et des organes sensoriels en rapport avec l'action se conserve. Cet état de préparation dans lequel sont les organes des sens, permet l'apparition d'un second groupe de stimulations que l'on peut appeler déchaînantes, qui amènent la fin de l'acte, la phase de la consommation. Un chien qui sent l'odeur de lapin (stimulation préparante) ne fait pas immédiatement l'acte de manger le lapin, car il mangerait à vide, il sort cet acte de la latence, il l'active jusqu'à la phase de l'érection. Arrivent la vue et le contact de la peau du lapin (stimulations déchaînantes) et le chien mange le lapin. Ce grand caractère de la phase de l'érection et de la suspension à cette phase caractérise le phénomène des perceptions. Entre la phase de l'érection et la phase de la consommation se place un intervalle de suspension qui va jouer un rôle considérable dans le développement de l'activité psychologique.

Dans cet intervalle en effet se placent toutes sortes de mouvements nouveaux ou d'actions nouvelles qui peuvent transformer beaucoup l'action primitive. La plus simple modification est celle de l'attente que nous avons si souvent étudiée, surtout à propos de la mémoire. L'attente c'est d'abord la conservation de l'érection de la tendance sans la laisser retomber dans la latence, ni s'accélérer trop tôt vers la consommation, comme il arrive chez les individus affaiblis qui ne peuvent pas attendre ; c'est aussi la préparation des organes des sens et même l'exécution de certains mouvements qui peuvent favoriser l'apparition des stimulations déchaînantes. La recherche, en effet, est une variété de l'attente : le chien qui a senti l'odeur du lapin ne fait pas trop tôt l'acte de manger, mais il ne reste pas immobile, il va, il vient, il court de manière à pouvoir voir et toucher le lapin et à ce moment l'acte suspendu arrivera à la consommation. Bien entendu toutes les régulations des sentiments, les efforts qui vont prendre ici la forme des désirs, les fatigues vont jouer un rôle considérable.

À un stade psychologique un peu supérieur, un acte très important va se placer dans cet intervalle de suspension, c'est l'ensemble des actes intentionnels. Non seulement le sujet va faire la suspension et la préparation, mais il va prendre des précautions pour que ces opérations ne soient pas manifestes à l'extérieur de son corps et ne puissent pas être vues par ses compagnons qui seraient bien capables de s'opposer à la consommation de l'acte. En même temps le sujet prendra des précautions contre les actes intentionnels des autres. Une grande partie de la psychologie sociale doit étudier ces actes intentionnels et leurs modifications.

La considération de l'intention va jouer un grand rôle dans les débuts de l'explication, car les hommes expliquent les actes des autres et les leurs surtout par l'intention, par les idées de finalité qui, en partie au moins, sortent des intentions. Je rappelle en passant que l'idée de pouvoir si importante se rattache en grande partie à l'intention que l'on prête aux autres et à la réalisation plus ou moins complète et certaine de ces intentions. J'ai essayé de résumer ces problèmes dans un de mes derniers livres. *De l'angoisse à l'extase*, I, 907-912. Mais ce développement de l'intention, ses expressions, ses développements surtout intérieurs donnent naissance à la représentation de cette consommation qui n'est pas encore accomplie, mais qui est l'objet des efforts et des désirs.

C'est à cet endroit, dans cet intervalle, entre la représentation de l'acte terminé et la véritable consommation de l'acte, que se place, chez certains êtres un peu plus évolués que les précédents, une nouvelle action qui me paraît d'ordre intellectuel élémentaire et que l'on peut appeler l'acte de la *production*. Cet acte important a été l'objet d'un de mes enseignements de toute une année au Collège de France sous le titre *"les tendances in*dustrielles et *la recherche de l'explication"*. On peut s'étonner de voir placer la production à une époque déjà si avancée du développement de la vie. La production n'existe-t-elle pas dès le début de la vie quand elle construit des organes merveilleux qu'elle sera bien incapable de refaire plus tard ? Les organes, le corps vivant peuvent être considérés comme des productions au point de vue philosophique, quand nous objectivons, quand nous imaginons au début de la vie quelque chose qui ressemble à notre acte de production. Mais cette imagination suppose connu l'acte de production et ne l'explique pas. Il n'y a de fait psychologique

que lorsque nous constatons une action spéciale différente des autres et il n'y a pas encore dans tout cela de véritable acte de production.

Celui-ci apparaît quand il y a dans un esprit deux formes de l'acte, la représentation de l'acte, quand il n'est encore qu'à la phase de l'érection, et la consommation de cet acte par des mouvements réels, surtout quand ces deux formes de l'acte sont distinguées par les sentiments qui les accompagnent. La représentation de l'acte est toujours accompagnée par le sentiment de l'effort non satisfait et la consommation de l'acte est accompagnée par la réaction de triomphe avec gaspillage des forces. La loi des sentiments c'est que le sentiment de l'effort conserve l'acte et empêche son arrêt, tandis que le sentiment de triomphe arrête définitivement l'action. Le premier sentiment tend vers le second et le sujet qui a une représentation de l'acte inachevé tend par son effort vers la consommation avec triomphe. Comme il arrive fréquemment, un acte nouveau se greffe sur un intervalle de l'exécution d'un acte ancien, l'acte de production se place dans ce passage entre la représentation de l'acte et sa consommation.

On peut prendre comme exemple le potier qui fait des vases avec de l'argile. Cet ouvrier se représente si bien ce qu'il veut faire qu'il a dans l'esprit, sinon déjà devant lui, un modèle du vase qu'il veut faire. Sans doute cette représentation sera bien précisée à une époque un peu postérieure, quand elle sera formulée par le langage. Cet acte de production sera alors bien plus important et deviendra la volonté. Mais cette représentation mal formulée existe déjà dans les intentions greffées sur des érections de l'acte et notre ouvrier tend à faire une marmite. Il fait des mouvements variés, il touche l'argile, il la pétrit : ces mouvements ne sont pas contenus dans la représentation de la marmite terminée que l'on ne pétrit pas de cette manière. Ce sont des actes nouveaux qu'il introduit entre la représentation de la marmite et l'usage de la marmite. Ce sont de tels actes intercalés qui constituent la production.

Ces actes de production vont se transformer de toutes manières, ils deviendront des créations d'idées, de croyances, etc., mais ils existent déjà sous forme d'acte intellectuel élémentaire chez le singe que se représente la possession de la banane et la mastication du fruit et qui, pour arriver à la consommation, fait toutes espèces de gesticulations et de grimaces.

Cet acte de production a déjà des caractères spéciaux : il contient quelque chose de l'acte commencé, notre singe regarde souvent du côté de la banane et je crois que souvent "l'eau lui vient à la bouche". C'est Ce que vont devenir, avec le développement de l'intention, les actes de finalité, origine du principe lui-même.

Déjà Bradley, Fouillée, M. Dewey disaient fort bien que l'effort et la finalité se trouvaient dans le passage d'un schéma dynamique à l'acte complet. Dans un article intéressant, M. Claude Claremont montrait que "l'acte intelligent transforme des mouvements en moyens au lieu d'exécuter mécaniquement les actes les uns à la suite des autres sans les préparer" [40].

Cet acte de production est déjà un acte complexe ayant le caractère double des actes intellectuels. Cet acte contient la représentation de l'acte entrepris : le potier se sent déjà boire dans le vase ou il imagine qu'il met de l'eau dans la marmite ; mais en même temps il se voit au moment actuel en train de pétrir de la terre, ce qui n'est pas l'acte de boire. Il passe sans cesse de l'un à l'autre. Au début, quand la marmite n'est pas faite, l'acte le plus important est le pétrissage de l'argile sans oublier l'acte de la marmite qui reste non seulement en érection, mais en représentation ; à la fin, quand la marmite est terminée, cet acte de la marmite reste dominant, il passe même à la phase de la consommation, ce qui lui donne plus d'importance. Mais l'acte du pétrissage de l'argile n'a pas disparu, surtout si on considère l'esprit de l'ouvrier qui vient de faire la marmite, c'est lui qui passe au second plan comme une représentation. L'esprit dans l'acte de la production oscille entre les deux termes et invente des actions qui combinent ces deux termes. Ce travail s'appliquera plus tard à la production de l'action elle-même d'une manière générale et l'esprit

---

[40] Claude Claremont, Instinct and intelligence, *Psyche*, July 1926, p. 24.

fabriquera des actions comme des marmites, ce qui jouera un rôle dans la volonté.

Tous les actes perceptifs donnèrent naissance à des objets, objets comestibles, objets dangereux, objets sexuels, etc. Les actes intellectuels, comme nous l'avons déjà vu, donnent naissance à des objets intellectuels dont nous avons déjà examiné quelques exemples. L'acte de production qui est un acte intellectuel donne naissance à tous les *objets artificiels* que nous opposons aux objets naturels créés par les simples actes perceptifs. Le fruit que l'animal trouve et mange dans la forêt est un objet naturel, le nid que l'oiseau fait dans les branches est déjà un objet artificiel et dénote un début de production et d'intelligence. On trouvera dans le livre célèbre de Guyau, *L'irréligion de l'avenir,* 1887, p. 40, une intéressante description de l'objet artificiel que l'auteur réserve un peu trop à l'homme seul et qui commence à apparaître chez l'animal. La distinction de l'objet artificiel et de l'objet naturel, l'explication de l'un par l'autre vont jouer un rôle considérable dans toutes les croyances.

3 - Le mécanisme psychologique de l'outil.

Mais, me direz-vous, ce n'est pas encore l'outil, car votre potier pétrit la terre avec ses mains. Un peu de patience, car notre ouvrier va être bientôt très fatigué de pétrir l'argile avec ses mains. M. Bergson nous a présenté jadis une jolie image pour nous faire comprendre comment la nature a pu réaliser cette merveille qui est un oeil. Cet oeil nous paraît admirablement compliqué et nous sommes disposés à penser qu'il a fallu accumuler les matériaux un à un et combiner une à une toutes ses dispositions. Mais non, quand je veux lever mon bras, je ne vais pas chercher un à un tous les organes, tous les nerfs et tous les muscles pour leur dire à chacun ce qu'il faut faire. Il nous suffit de désirer l'acte et tout le détail s'organise tout seul. L'être vivant a tendu vers la lumière, a désiré percevoir la lumière et ce désir s'est organisé en un oeil. Nous avons bien perdu de cette puissance primitive, mais nous en conservons encore quelque chose dans notre représentation.

Notre ouvrier, pour combler l'intervalle entre le schéma de l'acte et la consommation de l'acte, se représente bien des choses, il invente avec cette puissance merveilleuse de création qui, au début de sa vie, avait été capable d'organiser tout son corps et dont il lui reste quelque chose. Les essais qu'il faudrait étudier maintenant, si notre travail sur la production pouvait être complet, les essais ne sont pas autre chose que différents actes déjà habituels ou nouveaux par quelques côtés qui viennent s'ajouter aux actes que l'ouvrier est en train de faire. Le caractère de l'effort est précisément d'enrichir la tendance en activation de la force d'autres tendances voisines qu'il appelle à la rescousse.

Dans tous les actes qu'il essaye ou qu'il se représente intérieurement, ce sont ses mains surtout qu'il se représente terminant le travail. Un être intelligent est un être capable de jouer, nous venons de l'étudier ; en présence des difficultés qu'il rencontre pour réaliser la consommation de l'acte, il jouera avec la représentation de ses organes. Un singe voit une banane à quelque distance de la grille, il a déjà essayé vingt fois de passer le bras entre les barreaux jusqu'à la banane, mais quel malheur, le bras est trop court pour aller jusqu'au fruit et l'épaule est trop large pour passer entre les barreaux. Dans ses essais de représentation il change la forme de son bras. Le physicien Ostwald, dans ses études sur les fondements de l'énergétisme, suppose que l'homme a façonné les outils en copiant simplement les outils naturels dont disposent les animaux. Cela ne me paraît pas si simple et cela supposerait bien de l'esprit d'observation et bien des talents d'imitation. J'aime mieux dire que le singe, dans ses jeux de représentation, se construit un bras mieux adapté à la situation : "Ah, si j'avais un bras long, long et mince, il irait tout de suite jusqu'à la banane."

Cette imagination n'est pas tout à fait arbitraire, elle a certainement existé. Un professeur français, qui avait été chargé d'une mission en Indochine et qui venait de suivre quelques-uns de mes cours sur des questions de ce genre, vient de me faire justement une communication bien intéressante. Il m'a dit que dans l'Extrême-Orient où il avait été lui-même, dans la Chine en particulier, il y a des statues de génies qui sont extrêmement curieuses ; l'une de ces statues de génies se rapporte tout à fait à la situation de notre chimpanzé dans sa cage. Une statue représente un génie qui veut prendre la lune dans sa main. Comment va-t-il faire ? Il a un bras qui est mince et long indéfiniment et avec ce long bras il saisit la lune (cf. l'ouvrage de M. G. Cordier, *Un voyage à Yunnan*sen, *les cinq cents génies)*. Si on songe à tant de Vichnous aux bras multiples, de Brahmas à quatre faces, de Kouan Yin à mamelles en séries, on a l'impression que tout l'art religieux asiatique est obsédé par ces prolongations et multiplications de facultés, de membres et d'organes. Toute la littérature des contes de fées jusqu'à *Gargantua* est remplie de rêveries du même genre. Le génie au bras décrocheur de lunes n'est qu'une illustration entre mille autres de ces transformations imaginaires du corps. je remercie M. Pierre Foulon de ces intéressantes observations qui rendent vraisemblable la rêverie de notre chimpanzé qui voulait avoir un bras long et mince. Que d'autres transformations de la main et des membres les ouvriers qui cherchaient à réaliser une représentation n'ont-ils pas dû inventer !

Espinas, autrefois, dans son beau livre sur Les sociétés animales, p. 355, signalait déjà "les transitions insensibles unissant le travail inconscient qui produit l'organe au travail conscient qui produit l'instrument... on peut presque dire que l'instrument est l'organe... L'art nous apparaît dans le règne animal comme une extension de la vie".

Des poings lourds, durs et insensibles seraient indispensables pour casser des noix ou pour enfoncer des clous, des doigts pointus et solides feraient très bien des trous dans le bois, des Jambes très hautes permettraient de cueillir les fruits trop haut placés, etc. Le malheur de toutes ces belles rêveries, c'est que nous n'avons plus, comme au temps de la création des organes décrits par M. Bergson, le pouvoir de réaliser nos rêves et c'est que notre pauvre chimpanzé ne peut pas transformer son bras, bien qu'il l'enfonce tant qu'il peut entre les barreaux.

Mais il jette les yeux autour de lui et M. Köhler a justement insisté sur la cohérence visuelle, sur la vision simultanée de la banane et du bâton. Je préférerais noter une autre simultanéité également visuelle, la simultanéité du rêve d'un bras long et de la vue d'un bâton. Le grand caractère du jeu c'est de ne voir que le succès et de faire abstraction des obstacles. L'enfant rêve qu'il monte sur un cheval et un bâton de bois va être un cheval ; la petite fille joue à la maman et croit qu'elle dorlote un bébé : un bout de chiffon va être un bébé. Les singes de M. Köhler savaient très bien jouer avec des bâtons qu'ils lançaient en l'air comme des noix de coco. Ils ont joué avec des bâtons qui sont devenus le bras long et mince si bien imaginé, et, en fait, ils se servent de ce bâton comme s'il était simplement un prolongement de leur bras.

J'ai pris dans une leçon la précaution de vous parler de la théorie du jeu si importante dans l'évolution de l'esprit, pour vous permettre d'apprécier cette interprétation de l'outil par des sortes de jeux dans l'exécution d'une opération de production.

L'outil se développe par une foule de procédés du même genre. "Dire qu'un chimpanzé comprend tout d'un coup qu'une branche qui fait encore partie d'un arbre peut servir de bâton, nous dit M. Köhler, c'est admettre qu'il la voit autrement, comme nous voyons tout d'un coup la figure dissimulée dans un ensemble de lignes au premier abord tout différent [41] ... La psychologie de la forme, ajoute-t-il, s'attache surtout à montrer l'apparition soudaine des véritables solutions, la réorganisation spontanée du champ suivant certaines lignes de force." Je serais disposé à faire jouer à la représentation des actions que les objets rendent possibles et au jeu avec ces actions un plus grand rôle qu'à la perception de la forme proprement dite. Mais si la forme intervient ici, c'est que, comme nous le verrons plus tard, la forme se rattache également par l'intermédiaire du portrait à ce même jeu de l'action qui intervient dans la forme comme dans l'outil.

---

[41] Köhler, *L'intelligence des singes supérieurs, 1927,* p. 14.

Il ne faut pas croire que l'outil auquel arrive ainsi le chimpanzé soit tout de suite parfait. Le livre de M. Köhler nous montre un défaut bien intéressant de cet outil. Chez le chimpanzé, cet outil, si ingénieusement construit, n'est pas durable, il n'est que momentané. Il me semble que Sultan qui avait construit son remarquable bâton en enfilant deux bambous l'un dans l'autre, aurait dû conserver précieusement comme une relique ce premier instrument. Non, il le jette, il n'y tient pas et dans de nouvelles circonstances il devra recommencer à découvrir toute cette construction qui consiste à enfoncer les bambous l'un dans l'autre.

M. Köhler rapporte à ce propos une observation assez curieuse. Il y avait dans l'endroit où les singes s'amusaient beaucoup de caisses : ils avaient compris la manière d'empiler des caisses et jouaient beaucoup à ce jeu. Dès qu'ils étaient dans la cour de récréation, ils jouaient donc avec ces caisses. On leur a fait un jour une mauvaise plaisanterie, on a retiré toutes les caisses de la cour de récréation et on a mis ces caisses dans la chambre à coucher, là où ils dormaient toute la nuit. Le matin, on ouvrait la porte et les singes venaient alors dans la cour. Jamais un de ces singes n'a eu l'idée d'apporter les caisses de la chambre à coucher dans la cour de récréation. Ils étaient très vexés de n'avoir pas de caisses pour jouer : ils n'avaient qu'à les apporter dans la cour. jamais ils n'eurent la précaution de le faire.

Cela paraît peu de chose, c'est cependant très grave. je m'en rapporte à une discussion qui a eu lien l'année dernière à la Société de philosophie de, Paris à propos de la communication intéressante de M. Abel Rey sur "La science des Babyloniens et des Assyriens avant les Grecs". Cet auteur remarquait que les découvertes industrielles parcourent toujours trois périodes : une période qu'il appelait technique, une période religieuse et une période mécanique. Il y a un moment où la découverte industrielle prend un aspect religieux et magique : on invoque des personnages mystérieux, on mélange des formules magiques avec les procédés techniques. Ce n'est qu'après une longue période de magie et de religion qu'on arrive à des utilisations purement mécaniques.

Nous connaissons peu dans l'histoire de l'humanité cette période purement technique dans laquelle l'outil est découvert sans mélange de croyances magiques, nous venons de voir cette période chez le singe qui ne met aucune magie dans son bâton, parce qu'il manque de langage et de croyance. C'est plus tard que l'homme inventera l'acte de conserver et *d'employer régulièrement* le bâton auquel il donnera par la croyance un rôle permanent.

Pour le moment nous avons essayé de comprendre cette période purement technique où un effort de représentation et de jeu se place entre le désir de l'acte et la consommation de l'acte. Peut-être pourrons-nous voir d'autres formes de cette même période en étudiant dans la prochaine leçon le problème de la ressemblance et l'invention du portrait.

Chapitre IV
La ressemblance, le portrait

Dans le précédent chapitre nous avons parlé de l'outil et du grand rôle qu'il a joué dans le développement de la civilisation. Nous avons remarqué, sans pouvoir en ce moment discuter cette question importante, que l'outil et l'usage de l'outil étaient probablement le point de départ de notions extrêmement importantes, des notions de moyens et plus tard des notions de causalité. L'outil est devenu un intermédiaire essentiel entre la représentation initiale de l'action et la consommation. Les notions de rapports sont sorties de ces premières constructions de l'intelligence élémentaire surtout par le mécanisme de la croyance.

1 - Le problème de la ressemblance.

Parmi ces rapports, à côté de la cause à laquelle le souvenir de l'outil nous a permis de faire allusion, il faut placer un autre rapport presque aussi important, le rapport de ressemblance. La ressemblance intervient dans presque toutes nos conduites : elle a joué, bien entendu, un rôle capital dans l'évolution des arts, car la statue, le tableau, le portrait doivent, au moins en théorie, ressembler à un objet que l'on appelle leur modèle. La ressemblance est devenue également le point de départ des sciences, car la science au début était surtout fondée sur la ressemblance, qui donne naissance à la comparaison des objets, à la découverte de leurs identités ou de leurs différences, aux idées générales et aux classifications. La ressemblance est même plus que cela : elle est le point de départ d'une idée abstraite qui, dans l'esprit des philosophes, est de première importance, de l'idée de *qualité* opposée à la *quantité*. Nous parlerons de la quantité un peu plus tard quand nous étudierons le panier de pommes et la part du gâteau, mais

172

pour le moment rappelons-nous seulement que la qualité est une idée abstraite qui sort de la ressemblance et de la différence. Cette relation de la ressemblance joue donc un rôle essentiel dans toute l'organisation de l'esprit.

C'est pourquoi nous éprouvons un peu d'étonnement en voyant que les philosophes parlent toujours de la ressemblance mais n'insistent guère sur la nature de cette notion et sur sa définition. Les meilleures études récentes me paraissent celles de Höffding, de M. Baldwin, de M. Goblot dans son ouvrage si important sur la logique. M. Goblot, ce qui n'est pas fréquent, montre bien que la notion du plus et du moins n'est pas uniquement une notion de quantité, mais qu'elle contient beaucoup plus qu'on ne le croit des notions de qualité et de ressemblance. Chez ces différents auteurs je ne trouve guère que deux essais de définition de la ressemblance. Le plus souvent on nous dit que la ressemblance est une identité partielle : une partie de l'objet est pour la perception la même chose qu'un autre objet, une autre partie en est différente. Il est trop facile de remarquer que dans ces définitions on emploie les mots : "même, pareil, différent" qui contiennent déjà l'idée de ressemblance, que le plus souvent l'identité est définie comme une ressemblance complète et que l'on tourne dans une cercle.

Un second groupe de définitions de la ressemblance est un peu plus intéressant : il s'agit de définitions qui ont leur point de départ, si je ne me trompe, dans l'enseignement de Condillac. Vous savez, comme je vous l'ait dit si souvent, qu'à mon avis la psychologie contemporaine est restée plus qu'on ne le croit infestée par la psychologie de Condillac qui a toujours séduit parce qu'elle paraissait simple et intelligible : on se moquait d'elle mais on la copiait. "La statue, disait Condillac, se sent imprégnée par une odeur de rose, immédiatement après, elle sent une odeur d'œillet, elle ne peut pas ne pas s'apercevoir qu'il y a une différence ; si, au contraire, après avoir senti une odeur de rose elle sent encore une odeur de rose, elle est obligée de reconnaître que c'est la même odeur et elle acquiert ainsi les notions de la ressemblance[42]."

En somme, l'auteur ne définit guère la ressemblance, mais il nous dit dans quelles conditions il faut nous placer pour constater en nous l'existence du rapport de ressemblance. La psychologie a souvent procédé de cette manière : quand il s'agit d'étudier la douleur on nous dit de nous pincer fortement la peau et de constater que nous éprouvons une certaine conscience qui est la conscience de la douleur. Cela est peut-être suffisant dans une psychologie subjective qui se borne à constater nos états de conscience. Mais ce n'est guère précis dans une psychologie objective qui veut pénétrer un peu la nature des phénomènes et savoir un peu la relation qu'ils ont les uns avec les autres.

Cependant cette méthode qui définit les phénomènes psychologiques uniquement par les conditions de leur apparition probable me paraît encore employée de nos jours à propos de la ressemblance : je crois la reconnaître dans un article très intéressant dont je voulais vous parler aujourd'hui. Un de nos grands philosophes contemporains vient de publier dans la Revue *philosophique (mars*-avril 1930, p. 198) un article qui a pour titre "Le sentiment de la ressemblance" et qui naturellement a attiré mon attention, puisque je voulais cette année étudier ce sentiment. J'ai même eu à ce propos une discussion intéressante avec M. Parodi : naturellement nous ne nous sommes pas compris, mais nous avons tout de même conclu aimablement que nous étions du même avis. je veux cependant exprimer mes réserves qui dépendent probablement d'une intelligence insuffisante de l'article.

M. Parodi me paraît se placer exactement dans la situation où se mettait Condillac, mais je dois reconnaître que la situation décrite par M. Parodi est plus précise et plus intéressante que celle de la statue qui se sent odeur de rose. Supposez, nous dit M. Parodi, que vous regardiez une étendue de couleur bien uniforme, par exemple en été vous regardez un ciel bleu sans nuages, vous avez une seule impression, celle d'un ciel bleu uniforme : dans notre langage, ce sera une seule action perceptive, une seule action. Or il est arrivé un

---

42 Condillac, *Oeuvres*, III, pp. 17, 65.

accident : dans ce ciel uniformément bleu s'est formé un nuage noir d'une forme particulière qui coupe le ciel en deux, ou bien encore supposez qu'il y ait dans le paysage une vilaine cheminée d'usine qui soit verticale et qui coupe ce ciel uniforme en deux parties. Ce ciel reste le même quoique coupé en deux morceaux, ces deux morceaux déterminent encore la même et unique impression de tout à l'heure et vous ne pouvez pas éviter de constater que ces deux parties se ressemblent. À mon avis c'est toujours l'histoire des deux odeurs de rose de Condillac, mais la condition de l'apparition de la ressemblance est ici décrite avec plus de précision : nous avions ici une attitude unique qui a été divisée, mais qui reste théoriquement la même, l'identité des deux morceaux du ciel est encore plus nette puisque c'est toujours le même ciel : l'apparition du jugement de ressemblance n'est-elle pas encore plus nécessaire et ne sort-elle pas tout naturellement de la situation dans laquelle nous sommes placés ?

Oui, répondrai-je, pour un esprit logique qui possède déjà le jugement de ressemblance et qui sait l'appliquer à propos, mais cela n'explique pas du tout ni la nature, ni la formation de ce jugement et cela suppose admis que dans les conditions où nous-mêmes, individus supposés intelligents, nous formons ce jugement, tout être vivant doit le former de la même manière. Déjà en 1911, M. Foucault [43] étudiant le rôle de la ressemblance dans l'association des idées, constatait que bien souvent le sujet ne voit pas la ressemblance là où elle existe pour nous et il conclut que la ressemblance ne peut agir d'une manière efficace qu'à la condition de provoquer un acte intellectuel qui n'apparaît pas toujours, même quand ses conditions sont données.

La plus simple réflexion nous montre que la répétition d'un acte, même la répétition qui paraît identique à un observateur externe, ne suffit pas pour donner au sujet le sentiment de la ressemblance. Pendant toute notre vie nous répétons des actes sans nous douter que nous les répétons. Quand un enfant prend

---

[43] Foucault, *Étude sur l'association de ressemblance,* Archives de psychologie, mars 1911.

son biberon, il fait de nouveau une action qu'il a déjà faite cent fois et il la fait encore de la même manière, nous ne constatons cependant aucun détail qui nous permette de lui prêter le sentiment de la ressemblance. Quand nous marchons dans la rue, le second pas que nous faisons est la reproduction exacte du premier et nous n'avons pas à chaque instant l'idée que ce second pas est semblable au premier. La reproduction exacte des mêmes mouvements dans les mêmes circonstances est le caractère général des tendances même dans les réflexes les plus élémentaires. Si le jugement de ressemblance résultait de l'identité des actes ou de l'unité d'un acte interrompu et qui recommence le même, ce jugement devrait être perpétuel. En réalité la répétition automatique du début se transforme et devient la répétition intelligente quand le jugement de ressemblance s'y ajoute. Ce jugement est une chose assez rare : des êtres inférieurs ne le présentent pas et il est douteux que nous l'observions avec netteté chez les animaux supérieurs. Ce jugement est irrégulier même chez l'homme et bien souvent une découverte a consisté à remarquer une ressemblance entre des choses que les autres hommes voyaient depuis longtemps sans remarquer cette ressemblance. Enfin l'identité, si même elle était perçue, n'est pas la ressemblance ; nous le verrons en montrant les différences entre l'illusion du trompe-l'œil et le jugement de ressemblance. La condition indiquée par Condillac et précisée par M. Parodi n'est donc pas suffisante pour expliquer ni même pour provoquer régulièrement ce jugement.

Il y a cependant un cas où la répétition d'une même action devient encore plus la condition de la ressemblance. je veux parler des cas où cette répétition amène des erreurs et des échecs. On nous a offert une assiette de belles prunes, nous avons pris un de ces fruits et nous l'avons mangé avec plaisir. Nous en reprenons un second, mais cette fois le fruit est en carton, et, après l'avoir mordu, nous faisons la grimace et nous sommes forcés de le rejeter. Ne devons-nous pas remarquer que c'est la ressemblance des fruits qui nous a trompés ?

Ce phénomène du trompe-l'œil joue un rôle important dans la perception : l'acte perceptif est un schéma d'ensemble qui réunit dans une seule conduite un très grand nombre de réflexes, mais il est cependant éveillé par un petit nombre de stimulations. La couleur et la forme de l'objet suffisent pour que nous commencions l'acte de le manger et d'ordinaire ces stimulations sont suffisantes pour amener l'acte correct qui est justifié par les nouvelles stimulations du toucher et du goût survenant pendant l'exécution. Mais ces stimulations du début peuvent être insuffisantes et notre acte trop hâtif n'est plus complété par les stimulations nouvelles. Ce trompe-l'œil joue certainement un rôle dans la ressemblance puisqu'on l'utilise constamment dans les peintures pour nous donner le sentiment de ressemblance. Quand un peintre fait converger vers un point de l'horizon les lignes de son tableau il nous fait voir la ressemblance de sa peinture avec un paysage par un trompe-l'œil.

N'allons pas trop loin, le trompe-l'œil est encore une occasion de la ressemblance, mais il ne la provoque pas nécessairement et surtout ne l'explique pas. Les animaux présentent certainement le trompe-l'œil : quand on montre à un chat son image dans un miroir, il peut se laisser tromper et il regarde derrière la glace pour trouver l'animal ; un chien à qui on montre un chien empaillé et bien naturalisé peut aboyer avec fureur. Se conduisent-ils comme nous quand nous avons le sentiment de la ressemblance ? je ne le crois pas et on peut observer des différences. L'animal ne se laisse prendre qu'un très petit nombre de fois : le petit chat cesse bien vite de prendre au sérieux son image dans la glace, il ne regarde plus et surtout n'avance plus la patte derrière le miroir, nous cessons de même de mordre dans les prunes en carton. Au contraire, quand nous avons formé le jugement qu'un enfant ressemble à son père, nous persévérons indéfiniment dans cette affirmation qui dépend d'un sentiment durable. C'est que nous pouvons persévérer dans cette conduite qui n'amène pas de désordres comme le fait de manger une prune en carton. Dans le trompe-l'œil nous faisons l'acte perceptif tout entier, nous mordons dans le fruit et le petit chat avance la patte vers l'intrus. Quand nous avons le sentiment de la ressemblance nous sommes loin de faire l'acte perceptif tout entier, nous ne mangeons pas les prunes que l'artiste a peintes sur une toile ; quand nous disons que le petit garçon ressemble à son père, nous n'avons aucune envie de nous conduire vis-à-vis de l'enfant comme vis-à-vis du père et de lui donner le même nom. La conduite de la ressemblance n'est pas la conduite du trompe-l'œil.

On peut même ajouter un petit détail : dans la conduite du trompe-l'œil il y a une désillusion et un échec : quand on a mordu dans une prune en carton on peut rire, mais on rit jaune, car on est loin d'être satisfait. Au contraire la conduite de la ressemblance détermine toujours plus ou moins une certaine satisfaction. je me souviens d'une famille où il y avait trois garçons jumeaux parvenus, ce qui est rare, tous les trois à l'âge adulte et qui se ressemblaient d'une manière étonnante. La vue de ces trois hommes réunis déterminait toujours la joie de l'assistance et on s'amusait beaucoup à se représenter les confusions qui devaient résulter de leur extraordinaire ressemblance, confusions dans lesquelles on ne tombait pas.

L'observation du trompe-l'œil nous a instruits : elle nous a montré qu'à propos d'un certain objet ou d'une certaine apparence nous faisons une action particulière et que c'est l'exécution de cette action qui est l'occasion de notre erreur. Nous pouvons en conclure qu'au moment du sentiment de ressemblance, nous faisons de même une certaine action ; c'est d'ailleurs également l'opinion des auteurs qui cherchaient les conditions de la ressemblance dans les conditions d'une action particulière. Mais il ne faut pas croire que cette action exécutée au moment du sentiment de la ressemblance soit exactement la même que dans la perception ordinaire de l'objet. La répétition de l'action perceptive amène tout au plus le trompe-l'œil qui n'est pas la ressemblance. Il faut toujours en revenir à cette idée que nous avons sans cesse indiquée à propos des divers objets intellectuels, c'est qu'il y a à ce moment l'invention d'une conduite nouvelle toute particulière qui n'est pas donnée dans la perception ordinaire de l'objet.

2 - Le rôle du portrait dans la ressemblance.

Cette action caractéristique de la ressemblance, qui en est le point de départ et qui existe encore plus ou moins transformée toutes les fois qu'il y a sentiment de ressemblance, quelle est-elle ? Il y a bien des années, en 1913, quand nous faisions déjà des études sur ces actions de l'intelligence élémentaire, j'ai proposé avec quelque hésitation une hypothèse sur la nature de cette action ; eh bien, malgré les années écoulées, peut-être en raison d'une faiblesse de l'esprit qui conserve ses mauvaises habitudes, je suis forcé aujourd'hui de la reproduire parce que je n'en ai pas trouvé de meilleure. L'acte fondamental d'où est sortie la ressemblance me semble être l'acte du portrait, l'acte qui consiste à faire le portrait d'un objet ou d'un individu de quelque manière que ce soit. Dans ces actes du portrait il faut placer tous les gestes par lesquels un homme a la prétention de reproduire, de mimer la forme, l'attitude, les actions d'un autre être, les mouvements des primitifs qui font la danse de l'ours ou la danse du serpent, les gesticulations des petits enfants qui miment la bonne-maman ou l'institutrice. Dans ces actes du portrait il faut placer ensuite toutes ces reproductions plus ou moins gauches d'objets ou d'animaux en argile ou en bois qui sont si fréquentes et plus tard les barbouillages, les dessins sur les murs ou sur le papier que nous présentons avec plus ou moins de raison comme des portraits.

Cet acte du portrait peut être exécuté de deux manières ou plutôt il peut prendre deux formes différentes comme toutes les actions intellectuelles. Nous avons déjà remarqué ce caractère à propos de la route qui peut être parcourue dans les deux sens, nous y reviendrons prochainement à propos du panier qui peut être rempli ou vidé, nous le retrouverons à propos de la mémoire qui comprend la mémoration et la remémoration. Ce caractère dépend d'une loi fondamentale de ces actes intellectuels qui sont toujours des intermédiaires entre deux actions plus élémentaires et qui se rapprochent davantage tantôt de l'une, tantôt de l'autre. Ici nous pouvons dessiner le portrait ou nous pouvons le reconnaître. Quand il s'agit de la reconnaissance du portrait nous ne faisons plus complètement les mouvements de mimer, de pétrir la terre ou de dessiner, mais nous conservons la même attitude que nous avions en faisant ces actes, nous nous comportons comme si nous venions de faire nous-mêmes ce portrait ou comme si un autre homme l'avait fait en exécutant l'acte du portrait.

L'hypothèse consiste à voir cet acte du portrait au fond de toutes nos appréciations de la ressemblance. Ce qui est semblable au début c'est le portrait que je fais d'un objet ou le portrait que j'ai envie de faire et qui n'est que la tendance du portrait en érection. Quand nous voyons de la ressemblance entre deux objets il s'agit d'un acte secondaire, nous nous représentons le second objet comme le portrait du premier : "le fils est tout à fait le portrait du père". Quand nous voyons deux objets semblables nous sentons que la nature s'est amusée et qu'elle a fait dans le second objet un portrait du premier et nous nous conduisons devant le second objet comme devant un portrait, nous ne faisons pas l'acte de dessiner nous-même le portrait mais nous faisons l'acte de reconnaître le portrait.

Ce qui me pousse à présenter cette supposition d'apparence un peu paradoxale c'est d'abord qu'elle nous fournit une action précise et facile à étudier à la place d'un sentiment vague et qui était, comme nous l'avons vu, bien difficile à définir. C'est ensuite et surtout que nous retrouvons dans la conduite du portrait tous les traits caractéristiques de la ressemblance. Celle-ci nous montre dans notre attitude vis-à-vis d'un certain objet la répétition des actes que nous avions vis-à-vis d'un autre. Cela est si vrai que nous avons été amenés à rapprocher la ressemblance du trompe-l'œil dans lequel on recommence vis-à-vis d'un objet la conduite que l'on avait vis-à-vis d'un autre. Mais ce qui nous a embarrassés, ce qui distingue la ressemblance du trompe-l'œil c'est que la répétition n'est pas complète, qu'elle s'arrête à un certain degré car nous n'allons pas jusqu'à confondre complètement l'objet semblable avec l'objet auquel il ressemble : le fils ressemble au père, mais il n'est pas le père.

Cette conduite intermédiaire est justement celle qui caractérise le portrait. Le portrait d'un fruit éveille la tendance à le manger : "L'eau vient à la bouche", le portrait d'un chat ou d'un chien donne l'envie de le caresser, le portrait d'un ami nous fait prononcer son nom, éveille nos sentiments de sympathie ou nos souvenirs relatifs à lui. Mais cet éveil de la tendance perceptive ne va pas jusqu'à la consommation, nous ne mordons pas dans le fruit dessiné, comme nous l'avons fait dans le trompe-l'œil, nous ne prenons pas de précautions pour que le chien dessiné ne nous morde pas, nous ne posons pas de questions au portrait de notre ami. C'est parce que nous avons en même temps une autre *conduite qui* est celle de tenir dans nos mains d'une manière particulière la statuette ou le tableau, c'est parce que nous tenons dans les doigts la photographie de l'ami et que nous ne pouvons pas le tenir lui-même de cette façon. En même temps que la conduite vis-à-vis de l'ami nous avons la conduite vis-à-vis d'un morceau de papier et chacune de ces deux conduites arrête l'autre et se mêle avec elle.

Peut-être pourrions-nous bien nous rendre compte de cette attitude spéciale du portrait en étudiant un peu ce caractère de la gaieté qui accompagne, comme nous l'avons remarqué, les sentiments de ressemblance. Pour illustrer cette leçon j'ai envie de vous rappeler une statue que vous connaissez et pour laquelle j'ai quelque affection, parce qu'elle représente assez bien mes propres idées. je veux parler de la statue de M. Paul Richer, 1890, qu'il intitule "le premier artiste" et qui se trouve au Muséum devant la galerie de paléontologie [44]. La statue représente un bon sauvage assis sur un rocher ; je dis un bon sauvage parce qu'il est fortement stylisé avec sa figure intelligente et ses cheveux bien relevés en chignon par une arête de poisson : il tient encore de la main droite une pointe de silex dont il vient de se servir et dans la main gauche étendue il tient un tout petit mammouth en argile qu'il vient de modeler. Ce que je veux vous faire remarquer c'est que ce bon sauvage en regardant son mammouth rit à gorge déployée et fend sa bouche jusqu'aux oreilles.

---

[44] La photographie de cette statue a été placée au début de ce livre.

Nous pouvons nous demander pourquoi ce bon sauvage rit de cette façon : en somme, il vient de fabriquer un mammouth, qu'est-ce que cela a de si comique ? Il a dans l'esprit la pensée d'un mammouth et à la phase de l'érection les conduites relatives au mammouth. Mais à cette époque la rencontre d'un mammouth n'était pas une chose drôle : l'animal était terrible et la vie du sauvage pouvait être en danger. À un autre point de vue ces primitifs cherchaient à tuer la bête non sans difficulté et se préparaient à la manger, ce qui est également sérieux : on ne devait pas rire quand on rencontrait un mammouth. Mais notre bon sauvage ne se prépare ni à fuir ni à manger, il arrête ces deux rendances et il semble dire à ses compagnons : "Approchez, caressez-le, il n'est pas méchant, pas plus qu'il n'est comestible... C'est un mammouth et ce n'est pas un mammouth."

Cette contradiction "c'est un mammouth et ce n'est pas un mammouth" est l'essence du portrait, mais c'est aussi l'essentiel de la plaisanterie et du rire. La plaisanterie consiste à éveiller une tendance sérieuse pour mobiliser les forces psychologiques, puis à arrêter brusquement l'activation de cette tendance pour que les forces mobilisées se répandent partout en gaspillages. Le rire du bon sauvage est une décharge provoquée par le caractère ambigu du portrait qu'il vient de faire. Il vient de découvrir une action nouvelle, une action mixte, intermédiaire entre la conduite perceptive que l'on a vis-à-vis du mammouth et l'action perceptive vis-à-vis d'un bloc d'argile, conduite qui est précisément celle de la ressemblance.

Cette action spéciale de la statue ou du dessin que je résume sous le nom d'acte du portrait contient précisément la conduite que nous venons de constater dans la ressemblance. Dire qu'une chose est semblable à une autre ce n'est pas la confondre avec l'autre, ni répéter à propos de ces deux choses exactement la même action. Quand un animal mange sa soupe il ne compare pas cet acte à son précédent dîner, il fait l'acte de manger sa soupe tout simplement, quoique cet acte soit pour nous une répétition et un acte semblable aux précédents. Un animal qui verrait le ciel uniforme coupé en deux par un nuage dont parlait M. Parodi, ferait l'acte perceptif qui consiste à voir un ciel bleu, peut-être avec plus de précision, un ciel bleu restreint, rien de plus. Pour qu'il y ait ressemblance il faut qu'il y ait deux actes distincts, l'acte du mammouth, c'est-à-dire l'ensemble des actes de fuir, d'attraper, de manger le mammouth et de l'autre côté l'acte que j'appellerais l'acte de la terre glaise, l'ensemble des actes qui consistent à ramasser, à pétrir une terre blanchâtre. Ces deux actes sont réunis dans un groupe d'actions particulières, les actes de faire la statue du mammouth et les actes de montrer et de regarder cette statue en prenant des attitudes complexes qui sont à la fois celles que l'on a devant le mammouth et celles que l'on a devant la motte d'argile. Ce sont ces conduites mixtes, ces conduites du portrait qui sont au fond des conduites de la ressemblance.

Les conduites de la différence sont plus complexes, car elles ont un insuccès dans les conduites de la ressemblance. À propos de quelques perceptions On était disposé à considérer un objet comme le portrait d'un autre, à faire à ce propos l'acte du portrait, mais on échoue dans cette tentative et on reconnaît que cet acte du portrait ne peut, ici, être amené à terme.

Plusieurs auteurs, Bain [45] autrefois, plus récemment M. Baldwin [46] et surtout M. Claparède [47] dans une série d'études sur le sentiment de la différence, soutiennent que le sentiment de la différence est plus simple et plus primitif que celui de la ressemblance. M. Claparède montre que les enfants prennent conscience de la différence avant de prendre conscience de la ressemblance. Il s'agit là, comme le dit très bien l'auteur, de la prise de conscience d'une conduite relationnelle et il se peut, comme cela arrive souvent, que la prise de conscience porte sur un aspect particulier des conduites précédentes. Au début, l'effort pour faire le portrait ou pour considérer une saillie du rocher ou de l'arbre comme un portrait de quelque chose peut être plus ou moins facile et réussi. M. Luquet a montré que le dessin a souvent commencé par de petites modifications

---

[45]   Bain, *Sens et intelligence, traduction française, p. 282.*
[46]   J. M. Baldwin, La *pensée et les choses,* traduction, *1908, p. 329.*
[47]   Claparède, *Archives de psychologie de* Genève, *1918, p. 67 ; cf. Année psychologique, 1920, p. 455.*

apportées à des objets naturels pour augmenter leur caractère de portrait. Il y a donc eu au début un mélange de ressemblance et de différence avec un effort pour augmenter la première et pour diminuer la seconde.

Les formes variées de la différence, l'opposition complète, l'endroit et l'envers d'un dessin sont des complications qui dépendent d'une difficulté plus ou moins grande à faire l'acte du portrait, d'un changement de cette difficulté suivant les directions et les positions ; tous ces sentiments gravitent toujours au début autour de l'action du portrait.

3 - La construction du portrait.

Il n'en est pas moins vrai que cette interprétation nous met en présence d'un nouveau problème que nous sommes bien incapables de résoudre complètement, mais sur lequel je compte que vos études amèneront des éclaircissements. Si la ressemblance prend son point de départ dans l'acte du portrait et se développe après lui, on ne peut plus expliquer le portrait par la ressemblance, comme on le fait en général aujourd'hui. On admet d'ordinaire que le travail de l'artiste consiste à chercher et à réaliser la ressemblance, à faire un objet qui provoque chez les spectateurs le sentiment de la ressemblance. Même aujourd'hui, une école d'artistes qui s'intitulent les surréalistes et les futuristes n'admettent plus ce terme de l'art : "c'est la photographie, disent-ils, qui donne la ressemblance, l'art est au delà et ne doit pas se préoccuper de cette ressemblance". Ce qui est pour ,ceux-ci l'avenir de l'art ou d'un certain art nous paraît avoir déjà existé à ses premiers débuts. Il nous faut comprendre l'acte du portrait sans la ressemblance et étudier ensuite comment celle-ci a pu s'y ajouter.

Il faudrait pour cela pouvoir faire un historique du portrait, analogue à celui que nous venons de faire à propos de l'outil et cela me semble aujourd'hui bien difficile. Nous pouvons admettre que l'animal ne fait pas de portrait et ne le comprend pas. Nous avons quelquefois des illusions sur ce point quand nous présentons à un chien ou à un chat un portrait tellement bien fait, un animal naturalisé si parfait que cet objet provoque un trompe-l'œil. Comme nous venons de le voir, c'est là une erreur de perception et ce n'est pas l'attitude du portrait. Nous ne pouvons signaler qu'une petite exception dans la conduite des chimpanzés de M. Köhler dont nous avons déjà admiré les outils. M. Köhler leur a un jour donné de petits miroirs : ils ont commencé par se conduire comme font quelquefois le chien et le chat. Ils ont essayé d'atteindre le singe qui se cachait derrière le miroir et ils se sont fâchés contre lui. Mais à l'inverse de ces animaux qui ne se laissent prendre qu'une fois ou deux et qui, ensuite, ne s'intéressent plus du tout à l'image vue dans le miroir, ces singes ont continué très longtemps à jouer avec leur miroir, à se regarder et à se faire des grimaces comme une jolie dame ; ils ont même pris la singulière habitude de se mirer dans toutes les flaques d'eau. M. Köhler a fait également quelques recherches sur la reconnaissance du dessin chez les singes, mais elles ne sont pas encore bien décisives. Évidemment c'est le commencement du portrait, mais c'est encore bien indistinct.

Faut-il aussi rappeler que certains animaux et surtout des insectes nous présentent un problème bien curieux dans leur mimétisme : ils reproduisent sur leur corps avec une minutie quelquefois extraordinaire la couleur et même la forme des objets environnants. Vous connaissez ces insectes dont les ailes reproduisent si exactement des feuilles d'arbres avec leurs couleurs et les détails de leurs nervures. On se borne le plus souvent à l'explication darwinienne par le besoin de se protéger et de se dissimuler. Est-ce bien suffisant, n'y aurait-il pas au fond une disposition à faire le portrait avec leur corps comme d'autres insectes font des outils avec leurs pattes ? Songez aux études de M. P. Vignon [48] : il n'y a encore là rien de suffisamment positif.

Serons-nous plus heureux avec les hommes préhistoriques ? Sans doute on a trouvé dans des grottes, dans celles des Eizies

---

[48] Vignon, *Introduction à la biologie expérimentale des êtres organisés*, 1931.

en particulier, d'admirables reproductions d'animaux dessinés dans leurs mouvements, mais ce sont là des portraits trop parfaits qui montrent un art déjà fort avancé. Peut-on considérer comme des portraits ces cailloux assez informes que l'on a appelés des cailloux-images, parce qu'on croyait y retrouver des têtes d'animaux ? M. l'abbé Breuil, à qui j'en ai parlé, n'admet pas du tout cette interprétation, mais il dit que pendant des millénaires les hommes ont fait sur les murs des barbouillages informes qui ne ressemblaient à rien.

Les renseignements les plus intéressants sur l'origine du dessin nous sont fournis aujourd'hui par les études sur les *dessins des* petits enfants, si bien étudiés par M. Luquet [49]. Nous devons d'abord nous rappeler le réalisme intellectuel des enfants qui dessinent les deux yeux dans une figure de profil ou les deux jambes d'un cavalier sur son cheval vu de côté. Comme le dit très bien M. Luquet, ces enfants ne dessinent pas ce qu'ils voient ; ils dessinent ce qu'ils savent et leur dessin ne vise pas à la ressemblance, mais à l'énumération par des signes convenus des détails qu'ils savent exister dans l'objet. On peut aller plus loin et M. Luquet a décrit des dessins informes qui ne ressemblent à rien et que l'enfant considère tout de même comme des portraits de quelque chose. J'en ai observé moi-même un exemple assez frappant : une petite fille de deux ans et demi avait fait un petit gribouillage de traits vaguement circulaires terminés par un trait plus droit et elle disait avec satisfaction : "C'est le petit chat." Il est curieux de remarquer que pendant quelque temps elle continua à faire à peu près le même gribouillage en lui donnant la même interprétation. On peut quelquefois faire la même observation sur des malades qui donnent une signification à des dessins incompréhensibles pour nous. On retrouvera probablement en étudiant ces faits une phase du dessin dans laquelle la ressemblance n'existait pas. D'ailleurs l'histoire des arts nous montre les progrès lents de cette ressemblance et les inventions des artistes pour la perfectionner graduellement.

---

[49] Luquet, Le dessin enfantin, *Journal de psychologie*, 15 janvier 1928, p. 93.

Les descriptions des mœurs des primitifs ou simplement des non-civilisés nous montrent les danses de l'ours ou les danses du poulet étranglé. Ces danses sont interprétées comme des représentations d'un ours ou d'un poulet étranglé qui gigote par terre ; mais il faut avoir une grande bonne volonté pour y trouver de véritables ressemblances, les gens qui n'appartenaient pas à la tribu devaient faire perpétuellement des erreurs.

Je vous ai souvent parlé de ces malades qui se croient transformés en un animal et qui en jouent le rôle : une femme d'une trentaine d'années, émotionnée par la vue d'une lionne dans une ménagerie se croyait transformée en lionne. Elle jouait la lionne en marchant à quatre pattes, en grognant et en menaçant les mollets de ses dents. Elle ouvrait des tiroirs avec ses griffes, choisissait des photographies d'enfants et les dévorait. Cette lionne qui dévore des enfants en effigie peut être rapprochée des dessins de M. Luquet où des enfants dessinent deux yeux à des figures de profil : c'est encore une forme de réalisme intellectuel, mais cela ne montre guère un grand souci de la ressemblance.

Les actes qui aboutissent au portrait ont leur point de départ dans les *conduites de* l'imitation qui ont une évolution si complexe. Nous avons consacré autrefois de nombreuses leçons à l'étude de l'imitation, surtout en 1911, dans nos cours sur les tendances sociales. Déjà, à ce moment, nous prenions comme point de départ les conceptions de M. Baldwin sur ce qu'il appelle l'imitation circulaire, l'imitation de soi-même et nous accordions une grande importance à la recherche d'une action qui avait été une fois agréable et excitante. Ces idées ont été reprises d'une manière tout à fait indépendante dans le bel ouvrage de M. Paul Guillaume sur l'imitation chez l'enfant (1925).

L'enfant répète ou cherche à répéter indéfiniment l'acte qu'il a fait une fois en ouvrant et en fermant un couvercle, parce que cet acte l'a amusé et que cette tendance particulière est excitée. Quand il s'agit de répéter un acte perceptif, il arrive à reproduire quelques-unes des conditions externes qui servent de stimulations à cet acte, Il s'est intéressé à percevoir la trace noire que laisse en se remuant un crayon sur le papier quand un autre dessine devant lui. Il n'imite pas tout de suite à proprement parler les actes de cet autre, car il ne tient pas du tout le crayon de la même manière et il ne fait pas les mêmes mouvements, il cherche simplement à obtenir la perception d'un crayon qui remue en laissant une trace noire, et ce n'est que graduellement qu'il en arrivera à faire des mouvements analogues à ceux du modèle. Il fera surtout cette recherche quand l'objet qui provoque l'acte perceptif désiré est absent et vous savez l'importance que nous donnons à l'absence dans l'organisation des fonctions psychologiques. L'enfant produira ou cherchera à produire quelques-unes des stimulations que détermine l'objet de manière à activer la tendance intéressante.

Cette reproduction plus ou moins exacte des circonstances qui ont amené cette action perceptive agréable devient un véritable trompe-l'œil. Mais, à la différence du trompe-l'œil que nous avons constaté chez l'animal et qui était une erreur accidentelle, celui-ci est recherché, il est produit par l'activité même des hommes, on peut l'appeler un trompe-l'œil intentionnel.

La fabrication d'un trompe-l'œil de ce genre a sa raison d'être quand les circonstances ne présentent pas aux yeux l'objet que l'on désire, quand cet objet est absent. J'attache une très grande importance dans les études de psychologie à la présence et à l'absence dont à l'ordinaire on ne tient pas un compte suffisant. Considérons un de ces peuples primitifs qui se préparent à la chasse à l'ours ; ces individus et surtout ceux qui, parmi eux, sont les chefs, veulent exciter d'avance les hommes de la tribu à lutter contre l'ours, mais une grosse difficulté se présente, c'est qu'il n'y a pas d'ours en ce moment devant eux. Il faut les mettre momentanément dans une situation psychologique qui leur donne des sentiments analogues à ceux qu'ils auraient devant l'ours, on ne le peut que par un trompe-l'œil qui devient, au moins chez quelques-uns, intentionnel.

Ce trompe-l'œil intentionnel va se compliquer de plus en plus sous deux influences, l'influence sociale et l'influence du jeu. L'enfant qui perçoit un chat dans son gribouillage circulaire terminé par une petite pointe a un succès facile, quand il ne s'agit que de lui-même : la tendance perceptive à voir le petit chat est déjà éveillée en lui à la phase d'érection, elle pourrait presque arriver à la phase de la consommation sans aide extérieure. Il suffit d'une stimulation insignifiante pour qu'elle aboutisse au sentiment de triomphe. L'enfant a encore un succès facile dans sa famille, car ses parents répètent en voyant le gribouillage : "C'est le petit chat" ; mais il va éprouver des déceptions quand il montrera son prétendu dessin à des étrangers qui ne reconnaîtront pas le petit chat. C'est pour eux, pour qu'ils manifestent par leur attitude, - sinon par leur langage -, qu'ils perçoivent un petit chat dans ce trompe-l'œil, qu'il va être obligé d'ajouter des détails, des oreilles par exemple, à son gribouillage.

L'étude des non-civilisés nous montre bien souvent ce besoin de rendre le trompe-l'œil social : il faut exciter toute la tribu à la chasse à l'ours, éveiller chez tous la tendance à lutter contre l'ours et cela n'est possible que si tous voient dans le personnage qui danse un ours. C'est pour cela que le trompe-l'œil intentionnel se perfectionne peu à peu. Après avoir été intentionnel il devient social en acquérant peu à peu les caractères qui constituent ce que nous appelons la ressemblance, c'est-à-dire des caractères qui permettent au danseur de réussir à paraître à tous les membres de la tribu être un ours. La perception de l'ours me donne un ours à moi, un ours personnel, la danse de l'ours nous donne un ours social, perceptible au moins d'une certaine manière intellectuelle aux autres comme à moi, grâce à la ressemblance.

J'ai tort de dire "ressemblance" car pour la vraie ressemblance il faut quelque chose de plus ; il faut que les spectateurs, comme le danseur ou le dessinateur lui-même, cessent de se laisser prendre complètement au trompe-l'œil quoiqu'ils aient cependant travaillé à le construire ; il faut que ce trompe-l'œil intentionnel et social soit fait et soit perçu d'une manière particulière en tirant de lui l'excitation, la joie qu'il peut procurer par son Succès, sans que le succès existe réellement, sans que l'acte perceptif erroné soit complètement accompli. Il faut que les spectateurs de la danse de l'ours s'excitent à chasser l'ours et qu'ils anticipent la joie de la mise à mort, mais il ne faut pas qu'ils prennent le danseur pour un vrai ours et qu'ils l'accablent de coups. C'est là une façon d'agir que nous connaissons, que nous avons étudiée au début de ce petit livre, que nous avons déjà retrouvée dans le mécanisme psychologique de l'outil et que nous appelons l'acte *de* jeu. Se battre sous forme de jeu, c'est d'abord convenir qu'on ne se fera pas de mal, ce qui au fond est absurde, pour arriver à un triomphe facile et rémunérateur. Il ne faut pas, dans la danse de l'ours, faire l'ours complètement, ce serait difficile, dangereux et au fond sans intérêt : on veut exciter à la chasse de l'ours quand l'ours n'est pas là ; cette excitation préalable n'aurait aucun sens si l'ours était déjà présent. Il faut non seulement avoir l'intention de faire un trompe-l'œil, le rendre assez habile pour qu'il ait une efficacité sociale, mais en outre il faut le faire sous forme de jeu. Alors seulement l'artiste pourra dire en riant : "c'est un mammouth et ce n'est pas un mammouth", ce qui est l'essentiel de la ressemblance.

D'ailleurs il y a du jeu dès le début de ces conduites du portrait. La tendance à chasser l'ours ou à fuir le mammouth est éveillée, mais n'est pas activée jusqu'à la consommation. L'artiste s'arrête avant de se battre réellement ou de fuir réellement, il se borne à tirer de cette conduite à peine éveillée au stade de l'érection toute l'excitation triomphale qu'elle peut fournir. Il se conduit comme un enfant qui joue à la bataille. Il ne prend pas non plus au sérieux la motte d'argile qu'il tient dans la main et qu'il jetterait par terre s'il la prenait pour ce qu'elle est. Il joue avec cette tendance à manier l'argile comme avec la tendance à combattre le mammouth et ce sont ces deux tendances sous forme de jeu qui se combinent dans le jeu du trompe-l'œil. C'est parce que ce trompe-l'œil intentionnel et social est un jeu qu'il garde une certaine liberté, que cet objet artificiel peut être fait en terre, en peau, en feuilles d'arbres, car il ne s'agit pas de faire un ours ou un mammouth sérieux en chair et en os. C'est parce que ce trompe-l'œil est un jeu qu'il provoque justement le rire et la gaieté.

Cette interprétation du portrait peut être exposée à une objection intéressante car il semble que je donne aux premiers portraits, à la danse de l'ours, à la statuette d'argile assez informe un caractère artistique qu'elle ne pouvait pas avoir. Le premier artiste de M. Paul Richer est trop stylisé, il rit en contemplant son petit mammouth comme s'il sentait déjà la valeur artistique et désintéressée de son œuvre.

L'art primitif, dira-t-on, était au contraire intéressé et pratique car il construisait avant tout des symboles magiques qui avaient un pouvoir considéré comme réel, qui devaient agir sur la réussite de la chasse, sur la fécondité des espèces comestibles. Cette conception est exposée d'une manière intéressante dans l'article de M. Camille Schuwer sur "La signification de l'art primitif [50]". "Le fabricateur primitif, nous dit-il, n'est pas un véritable artiste, il enveloppe sa représentation d'une foule d'idées étrangères ... il l'affuble de symboles ; il lui attribue des pouvoirs et des vertus magiques ... Ce que nous croyons objet de beauté a une signification utilitaire, sociale, magique... Il ne faut pas exagérer la portée de l'imitation de l'art primitif, le réalisme est plutôt l'exception, il *y a* des combinaisons libres, des déformations volontaires, symboliques, conventionnelles [51]." M. Lévy-Bruhl disait aussi : "Un portrait est identifié non par l'analogie des formes, mais parce que dans la perception de l'image comme dans celle du modèle la représentation collective traditionnelle introduit les mêmes éléments mystiques[52]."

Ces réflexions sont intéressantes et en grande partie justes, mais elles ne me paraissent pas porter exactement sur le problème que nous venons d'étudier. Il s'agit dans ces études d'un stade psychologique supérieur à celui que nous avons considéré, il s'agit d'hommes capables de parler et de formuler des croyances, il s'agit de la prise de conscience des opérations d'imitation et des trompe-l'œil intentionnels et ludiques. Ces auteurs supposent toujours que leurs primitifs, qui, au fond sont loin d'être des primitifs, sont déjà capables de faire la

---

[50] C. Schuwer, *Journal de psychologie*, 15 janvier 1931, p. 121.

[51] *Ibid.,* 154.

[52] Lévy-Bruhl, *Fonctions mentales chez les primitifs*, introduction, p. 43.

danse de l'ours en portant sur leurs épaules une tête d'ours et non pas une pierre quelconque, ils admettent que ces hommes distinguent déjà des représentations de tel ou tel objet, qu'ils distinguent "l'image et le modèle" comme dit M. Lévy-Bruhl, qu'ils comprennent la magie par ressemblance, en un mot ils leur prêtent déjà les conduites de la ressemblance et de la différence.

Ce sont ces conduites de la ressemblance et de la différence, considérées d'ordinaire comme données, transformées arbitrairement en fonctions naturelles de l'esprit que nous avons essayé d'analyser. Sans doute des conduites ultérieures et superposées de langage, de croyance vont transformer ces premiers actes de ressemblance et amener quelques-unes des déformations dont parle M. Schuwer ; nous avons déjà vu que les premiers portraits tenaient peu de compte de la ressemblance réelle et étaient déjà déformés, d'autres déformations qu'il faudra distinguer des premières y sont ajoutées par les croyances. Ce que nous appelons aujourd'hui la ressemblance a passé par une foule d'alternatives qui tantôt augmentaient, tantôt diminuaient la ressemblance réelle. Sans doute l'art n'est pas au début désintéressé et la beauté n'est pas recherchée pour elle-même ; sans doute il y a dans toutes ces reproductions un intérêt pratique. Il en est de même pour toutes les conduites psychologiques qui sont toujours des actions intéressées, même quand nous inventons aujourd'hui des conduites esthétiques qui sont au fond des recherches d'excitation. Mais les actions pratiques qui jouent un rôle dans tel ou tel fait psychologique sont loin d'être toujours les mêmes. Les gribouillages sur les murs des cavernes, les pétrissages informes de terre sont des actions, mais elles ne sont pas les mêmes actions que les pratiques magiques mêlées de langage et de croyance, elles ne sont pas non plus les mêmes actions que la vraie chasse à l'ours ou la vraie récolte des fruits, elles sont des conduites intermédiaires entre les conduites supérieures asséritives et les conduites inférieures perceptives. M. Schuwer reconnaît qu'il y avait avant les mythes des sentiments particuliers, des expressions de la joie et de la douleur, des danses rythmées, des recherches de symétrie, etc. "Si l'activité esthétique a pu se développer, dit-il, au cours de la civilisation, ce n'est pas par une création brusque et il faut bien qu'elle ait préexisté d'une façon ou d'une autre dans la vie primitive". Ce sont précisément ces formes de l'art antérieures au langage et à la croyance qui constituent l'intelligence élémentaire dans laquelle la construction du portrait, point de départ de la ressemblance, joue un grand rôle.

Chapitre V
La psychologie de la forme

La première partie de cette étude aura un caractère un peu plus historique que d'habitude : je voudrais vous faire connaître le développement d'une psychologie, je devrais presque dire d'une philosophie générale, qui a pris une assez grande importance en Allemagne depuis une dizaine d'années. Déjà, en 1890, M. von Erenfels attirait l'attention sur la perception des formes. M. Wertheimer, 1912, 1925, M. Köhler, dans son ouvrage de 1922, puis M Koffka qui enseigne en ce moment à l'université de Harvard ont développé ces études sur la forme ; ces auteurs et leurs élèves ont développé tout un système d'interprétation des objets et du monde qui repose sur l'idée de la forme et qui s'intitule la "Gestalt théorie". Le mot "Gestalt" était très employé par Gœthe et on peut le traduire en français par le mot "forme" et peut-être aussi par le mot "structure" comme ces auteurs le font quelquefois, ce qui ne peut, à mon avis, qu'embrouiller le problème.

Cette philosophie ou psychologie de la forme devrait vous être un peu connue, car l'un des principaux auteurs, M. Köhler, a été invité il y a quelques années à faire ici même deux conférences.

L'une de ces conférences, qui portait sur les fameux chimpanzés dont nous venons de parler beaucoup, a été bien comprise et a eu beaucoup de succès. Je crains que l'autre conférence sur la théorie de la Forme n'ait paru un peu plus abstraite. Nous pouvons mieux la comprendre aujourd'hui, parce que nous pouvons la rattacher à ces études que nous avons déjà faites en 1913 et que nous reprenons cette année, à l'étude des conduites intellectuelles élémentaires.

Ces études sur la théorie de la Forme ont été bien exposées par M. E. Rignano, le regretté philosophe de Milan, dans sa belle revue internationale *Scientia*, en octobre-novembre

1927 ; l'exposé était suivi d'une réfutation assez violente et, si je ne me trompe, un peu exagérée. M. Köhler a voulu répondre et a envoyé un intéressant article à M. Rignano qui l'a publié, mais qui l'a fait suivre d'une nouvelle discussion qu'il appelle "Réponse à l'anticritique de M. Köhler". Ces études ont été reproduites par M. Rignano en 1928 dans son volume sur Les *problèmes de psychologie et de morale.* Elles nous permettent de nous mettre au courant de ces intéressantes discussions, mais elles me semblent, comme vous le verrez, encore un peu étroites et nous inspirent le désir naturel d'y ajouter quelques mots[53].

1 - La théorie philosophique clé la forme.

Les auteurs qui ont édifié la "Gestalt théorie" et que l'on appelle quelquefois "les Gestaltistes" on étudié une propriété particulière des objets, leur forme : la forme peut être présentée comme un ensemble de surfaces, de lignes, de points qui limitent un objet, qui le séparent des autres, et du fond sur lequel il se détache ; c'est une certaine disposition dans l'espace des terminaisons périphériques de l'objet. Ils insistent pour montrer que cette propriété de la forme n'est pas contenue dans les sensations primitives telles qu'on les admet d'ordinaire. Un exemple donné par M. Wertheimer est bien caractéristique : considérez sur un papier (fig. 8) trois points disposés en ligne, le premier rouge, le second jaune, le troisième vert. A côté placez une autre figure (fig. 9) où se trouvent encore les trois mêmes points, rouge, jaune et vert, mais disposés autrement,

---

[53] Ceux qui s'intéressent à ce problème pourront lire également l'article de M. Rignano, Revue *philosophique,* janvier-février 1928, p. 33 ; l'article de M. A. Gemelli, sur la perception, journal de psychologie, février 1928, p. 103 ; et l'article de M. O. Salz, Essai d'une nouvelle théorie psychologique de l'espace, du temps et de la forme, *Journal de psychologie,* 15 mai 1929 ; ainsi que celui de M. Köhler, La perception humaine, Journal de psychologie, janvier-février 1930, p. 12.

en triangle. Ajoutez une troisième figure (fig. 10) ou les mêmes points sont disposés également en triangle, mais à une plus grande distance les uns des autres. Ne serez-vous pas immédiatement forcés de reconnaître que les deux premières figures diffèrent l'une de l'autre, que la troisième figure diffère de la première mais qu'elle est semblable à la seconde malgré *le* changement des dimensions ? Il y a là une appréciation immédiate qui ne dépend aucunement des sensations élémentaires de rouge, de jaune, de vert, qui sont restées toujours identiques dans les trois figures.

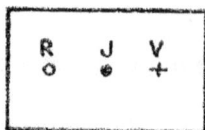

Figure 8.

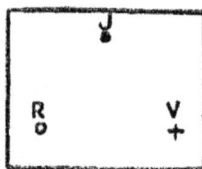

Figure 9.

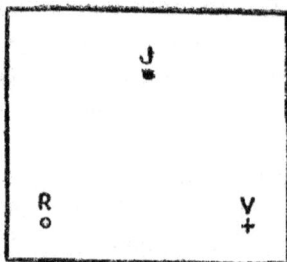

Figure 10.

Des appréciations de ce genre sont faites à chaque instant : quand dans le ciel étoilé nous discernons la Grande Ourse, nous la reconnaissons, nous la séparons des autres constellations d'après la forme de l'ensemble, la disposition des étoiles les unes par rapport aux autres et non d'après la couleur ou l'éclat des étoiles. Il y a là quelque chose qui dépasse la sensation élémentaire telle qu'on la décrivait à la suite de Condillac.

Sans doute les philosophes avaient depuis longtemps attiré l'attention sur les problèmes de la forme. Reid disait déjà : "Il ne paraît pas qu'il y ait de sensation appropriée à la figure visible, c'est-à-dire de sensation chargée de la suggérer à l'esprit. Cette figure semble être suggérée immédiatement par l'impression matérielle sur l'organe, impression dont nous n'avons pas conscience [54]." Stuart Mill, dans sa Discussion *de Hamilton,* insistait sur la ligne de séparation entre deux couleurs, ou deux contacts, et y voyait le point de départ de la forme [55]. Bain pose le problème comme M. Wertheimer : "Si nous regardons une tache ronde sur un papier, nous reconnaissons bien qu'elle est différente d'une tache triangulaire et semblable à une autre tache ronde [56]." Il se demande si c'est là une propriété uniquement visuelle et il ajoute qu'elle doit être connue par un mouvement de l'œil qui suit les lignes plutôt que par une perception de couleur. H. Spencer fait intervenir le sentiment de la profondeur et dit que la figure, la position sont des qualités primaires ou statiques qui dépendent de l'activité du sujet plus que des propriétés de l'objet [57] ; plus tard Helmholtz fera des remarques analogues[58].

Je voulais aussi rappeler que les vieux magnétiseurs français avaient bien senti l'importance de la question. Durand (de Gros) fait allusion à ce qu'il appelle la *perception figurative* et il la distingue des perceptions ordinaires en remarquant que des êtres inférieurs peuvent avoir de simples sensations ou même des perceptions sans avoir la notion de la forme [59] ; c'est là une opinion fort juste sur laquelle nous aurons à revenir et une observation que nous pouvons recommencer en étudiant la perception au cours de la confusion mentale.

---

[54] Reid, Oeuvres, II, p. 182.
[55] Stuart Mill, *Discussion de Hamilton,* traduction française, p. 279.
[56] Bain, *Les sens et l'intelligence, t*rad. française, p. 333.
[57] H. Spencer, *Principes de psychologie,* trad. française, II, p. 176.
[58] Helmholtz, *Optique physiologique, p.* 528.
[59] Durand (de Gros), *Physiologie philosophique, p.* 364.

Vous vous rappelez aussi les belles études de M. Bergson sur la forme des corps solides. L'auteur remarque que l'esprit humain aurait bien changé si nous n'avions pas eu à notre disposition des objets solides qui nous ont permis la séparation des corps et la reconnaissance des formes, point de départ de toute la géométrie.

Malgré ces études antérieures il n'en est pas moins vrai que les Gestaltistes ont donné à la forme une importance bien plus grande et qu'ils l'ont placée au point de départ de toutes les notions les plus importantes. Ils ont soutenu que la forme des objets était l'essentiel de la perception, qu'elle donnait non seulement la distinction des objets les uns des autres, mais encore l'unité caractéristique de chaque objet : "la forme donne une vue d'ensemble sur l'objet et permet de le constituer... C'est la configuration totale des stimulations qui nous fait voir l'unité [60]." Cette idée joue un rôle prédominant dans tous les travaux de cette école. Retrouver la forme d'un objet c'est en retrouver l'unité : on connaît des dessins où un objet est dissimulé au milieu de détails indifférents, il s'agit de retrouver un lapin au milieu des branches et des feuilles. On n'y arrive qu'en suivant des traits qui donnent la forme du lapin et son unité. On retrouve également la forme et l'unité d'une mélodie dans le bruit confus des roues du chemin de fer.

M. Köhler nous montre d'une manière intéressante que la perception de la forme joue un grand rôle dans ce qu'il appelle "la statique naïve" qui nous permet de placer correctement les objets les uns sur les autres. Nous mettons cette lampe sur la table, de manière qu'elle tienne debout et ne tombe pas de côté. M. Köhler fait remarquer que des chimpanzés semblent ne pas comprendre grand'chose à la statique naïve : ils placent les caisses les unes sur les autres, n'importe comment, et ce n'est que par hasard qu'elles arrivent à tenir en place. Ils ne se rendent pas compte que deux bâtons ne sont pas attachés ensemble et qu'une caisse n'adhère pas au mur à l'endroit où ils voudraient qu'elle restât. Il y a des objets, l'échelle, le pont,

---

[60] Köhler, La perception humaine, in *Journal de psychologie*, janvier 1930, p. 12.

dont ils ne comprennent jamais la forme, la structure, et que par conséquent ils ne savent pas placer correctement. De même un enfant n'arrive que peu à peu et lentement à placer un cheval de bois ou un animal en caoutchouc sur ses quatre pattes : ce sont là des conduites qui dépendent de la perception de la forme. Dans un autre domaine, la forme intervient dans toutes les idées générales, car elle donne l'unité du groupe ; elle est le point de départ de tous les concepts géométriques ou scientifiques. Grâce à une extension indéfinie, la forme finit par jouer un grand rôle dans les explications générales de l'univers.

Cette notion si importante de la forme n'est pas donnée dans la sensation brutale de lumière ou de couleur, mais disent les Gestaltistes, elle est cependant contenue dans l'impression que les objets exercent sur les sens et dans l'organisation physiologique de la réception des stimulations extérieures. La théorie de la forme s'oppose aux conceptions qui voient dans la forme d'un objet le simple produit des éléments que peut y retrouver l'analyse. Les parties sont des données artificielles et la perception de la forme est vécue comme un tout, comme une organisation avant la distinction des parties : une ligne n'est pas une somme de sensations tactiles ou visuelles, elle est perçue comme un tout. "L'organisation, dit M. Gemelli, suit les lois de la prégnance de la forme." À ce propos, M. Köhler nous exposait ici même une bien intéressante expérience qu'il a reprise dans son article sur la perception humaine. Des rats dans une boîte à expérience ont appris à distinguer une entrée qui conduit à la nourriture et qui est peinte en noir d'une autre entrée peinte en gris. On change la couleur des entrées mais en peignant toujours l'une d'une couleur plus foncée que l'autre, l'une rouge foncé, l'autre rose clair ; le rat choisit régulièrement celle qui est de couleur plus foncée. "Il semble avoir appris à choisir le côté foncé de la réalité donnée, comme s'il distinguait les relations d'intensité."

Ces auteurs n'admettent pas cependant un rôle de l'activité de l'esprit dans ces perceptions, ils arrivent immédiatement à des interprétations prétendues anatomiques et physiologiques. "Les processus élémentaires sont fonction du tout, les éléments sensoriels eux-mêmes sont déterminés par les caractères et les propriétés du tout... Les structures sont des caractères immédiats du donné au même titre que leur contenu." Les Gestaltistes construisent dans les nerfs centripètes des fibres transversales qui donnent naissance à des courants dérivés de raccord. Il s'établit ainsi dans un système complexe de distribution nerveuse des modalités dépendant non seulement des excitants spécifiques élémentaires, mais aussi de la disposition et des relations spatiales existant entre elles. C'est ce système complexe de distribution nerveuse, comparable à un système de distribution électrique qui constitue le substratum physiologique de la forme de l'objet.

Rignano a fait, comme nous venons de le voir, une critique sévère de toutes ces conceptions : il repousse les métaphysiques qui y sont rattachées, il blâme ces physiologies fantaisistes, si fréquentes aujourd'hui et si néfastes aux recherches psychologiques ; il regrette que ces auteurs n'aient tenu aucun compte des théories qui dans la genèse des différentes notions font intervenir l'activité de l'esprit. Au point de vue psychologique il reproche aux Gestaltistes d'avoir employé sans cesse le mot "Gestalt, forme" dans toutes sortes d'acceptions différentes, dans le sens de forme extérieure, de structure intérieure, de groupement intentionnel, de mots, de concepts, etc. Cette multiplicité de sens embrouille toutes les discussions.

Rignano insiste surtout sur deux acceptions particulières : très souvent il s'agit du concept d'un objet et du sens de ce concept. La signification d'un concept général ne dépend pas toujours de la forme et dépend aussi de bien autre chose. Dans le concept bien simple de poison on ne voit guère le rôle de la forme. "Une bibliothèque m'apparaît comme une unité concrète et comme un ensemble de livres, il en est de même de la main et des cinq doigts ; la forme d'ensemble qui joue un rôle dans l'idée générale ne peut être séparée du processus de composition des parties élémentaires. La signification et la prise de signification de M. Michotte supposent que l'on tient compte du langage et de son rôle. On ne comprend la signification d'un groupe d'objets réunis par un mot que si on en connaît l'usage. Il s'agit toujours d'objets différents, mais équivalents sous le rapport de telle ou telle fin. Les coupe-papier peuvent différer entre eux de toutes manières, mais ils sont équivalents par rapport au but qui est de découper les pages d'un livre sans les déchirer. Il n'y a pas de forme générale du triangle, mais tous les triangles, quoique différents de forme, sont équivalents par rapport à certaines fins concernant la mesure. "À quel moment, demande M. Wertheimer, un tas qu'on diminue cesse-t-il d'être un tas ?" La réponse est bien simple : au moment où il ne suffit plus à satisfaire, à la fin au point de vue de laquelle il apparaissait comme un tas. On put faire la même remarque à propos de toutes les mesures de longueur ou de capacité : on réunit plusieurs outres en un seul concept de capacité si elles sont équivalentes pour satisfaire la soif d'un même nombre d'individus [61].

Quant à l'unité des objets que l'on voulait expliquer par leur forme, Rignano l'explique par sa propre théorie des *tendances affectives*. L'unité de l'objet est déterminée par un acte particulier qui dépend des besoins et des tendances de l'organisme. C'est le besoin de boire qui donne naissance à l'objet que nous appelons de l'eau. C'est le besoin de manger et la tendance à manger qui donne de l'unité au fruit. Ce qui établit l'unité et la physionomie d'une chose, c'est la satisfaction ou l'insatisfaction directe ou indirecte de nos tendances. L'interprétation des trois points de M. Wertheimer différemment placés dans l'espace dépend "de l'évocation de telle ou telle tendance affective antérieure ; les différences d'interprétation tiennent à des évocations mnémoniques qui, suivant les individus, produisent des compléments perceptifs momentanés".

Sur ce point, je voudrais faire une petite remarque sans doute de peu d'importance : Rignano me paraît exagérer un peu quand il appelle cette théorie de la perception sa théorie des tendances affectives. Cette conception du rôle de l'acte et des

---

[61] Rignano, *Questions de psychologie et de morale*, 1928, pp. 149-150.

tendances dans la perception des objets apparaît nettement dans la philosophie de M. Bergson dès ses premiers ouvrages. "Le monde est peut-être, disait-il, une continuité indistincte... Chaque être découpe le monde selon les lignes mêmes que son action doit suivre." On retrouverait également cette théorie dans les ouvrages de Ribot. Permettez-nous de rappeler que nous avons fait ici même bien des leçons sur cette théorie de la perception en *1898, 1904, 1909 ;* et que ces études ont été bien souvent publiées. Nous différions peut-être un peu de Rignano en donnant moins de place aux sentiments dont nous mettions l'apparition un peu plus tard au stade des tendances sociales. J'insistais un peu sur un détail, c'est que nous présentions les tendances perceptives comme des tendances suspensives : ce caractère doit être rappelé car il jouera un rôle dans l'interprétation de la forme. Tandis que le réflexe est déclenché complètement par une seule stimulation déterminée, les tendances suspensives n'arrivent à la consommation complète qu'après plusieurs stimulations disposées en deux groupes. Une seule stimulation, la vue de la proie, ne suffit pas pour amener chez l'animal les actes de déglutition qui font partie de la tendance éveillée, car il avalerait à vide. La vue de la proie qui joue le rôle de stimulation préparante éveille bien l'ensemble du schéma de la capture et de la déglutition de la proie, mais l'éveil le incomplètement à la phase de l'érection. La tendance particulière qui est constituée par ce schéma reste quelque temps comme suspendue à cette phase de l'érection et ce n'est qu'après de nouvelles stimulations déchaînantes, comme le contact de la proie, qu'il y a la phase de consommation avec la mastication et la déglutition.

Quoi qu'il en soit, Rignano, par le rappel de ces théories de la perception ramenée à des actes particuliers, explique l'unité de l'objet sans avoir besoin de recourir à la théorie de la forme, "sans qu'il soit nécessaire de parler d'une forme préexistante ayant une origine sensorielle autochtone". En rendant compte ainsi des concepts et des objets il supprime la partie la plus considérable de la "Gestalt théorie".

2 - La forme et la matière.

Les Gestaltistes ont naturellement discuté ces critiques et ils ont conclu que Rignano ne les avait pas compris : je serais peut-être disposé à dire qu'ils n'ont pas tout à fait tort. Ces auteurs ont voulu attirer l'attention sur la forme des objets et sur le rôle qu'elle joue dans la pensée ; or les discussions précédentes portent sur le concept qui dépend du langage et qui est au-dessus de la forme, sur la perception des *objets extérieurs* qui est une opération élémentaire au-dessous de la forme et en définitive n'expliquait aucunement la forme, mais semblait en supprimer l'étude. A mon avis, les Gestaltistes sont un peu responsables de ce malentendu : ils présentaient la forme comme constituant l'unité, J'ensemble de l'objet ou de la situation et on remarquait tout de suite que ce caractère d'unité ou d'ensemble appartient à toutes les notions qui dépendent d'une action déterminée. Sans doute la forme est bien caractérisée par une certaine unité, mais il ne faut pas parler d'une unité quelconque, sinon on est exposé à étudier à la place de la forme toutes sortes de notions bien différentes.

Au lieu de dire que la forme d'un objet c'est l'ensemble de l'objet, j'ai envie de dire au contraire que ce qui caractérise la forme c'est qu'elle n'est pas l'ensemble de l'objet. Quand dans le dernier chapitre nous avons mordu dans une prune en carton, nous avons bien constaté que la forme n'était pas tout. La forme était parfaite car le trompe-l'œil dépend beaucoup de la forme ; mais cette forme ne donnait pas l'ensemble de la prune, puisque nous ne retrouvions ni le contact, ni le goût qui font pourtant bien partie de l'ensemble de la prune.

Une forme est évidemment définie en grande partie par la perception de l'objet, par ce que nous avons appelé la conduite schématique de l'objet. La forme d'une prune est reconnue en éveillant le schéma de la prune, la forme d'un chien est reconnue parce qu'elle éveille la conduite perceptive du chien. Les esprits inférieurs en restent là et ils s'exposent au trompe-l'œil précisément parce que cette forme à elle seule ne donne pas l'ensemble du schéma. Car dans la forme considérée seule on supprime une partie importante de ce schéma, toutes les parties du schéma qui dépendent de la consommation, de l'acte d'ensemble, le caractère comestible et le goût de la prune, les morsures du chien. La forme est l'ensemble de la prune et du chien moins quelque chose de très important.

La notion de la forme est corrélative d'une autre notion sans laquelle on ne peut la comprendre, c'est la notion de la matière. La matière est en effet complémentaire de la forme : elle est aussi constituée par le schéma de l'objet. La matière de la prune c'est d'être de la prune, comme la forme de la prune était d'être de la prune. Mais la matière est une prune incomplète, elle a perdu ce que la forme a pris : l'apparence extérieure, les surfaces, les contours, les couleurs ne lui appartiennent pas. Au contraire, les parties du schéma qui étaient exclues de la forme reviennent à la matière qui va contenir la consistance, le contact et le goût de la prune, comme la résistance et les morsures possibles du chien. Quand nous mordons dans une prune en carton, nous avons la forme sans la matière ; quand nous mangeons de la marmelade de prunes, nous avons la matière sans la forme ; quand nous mangeons une vraie prune, nous avons les deux à la fois.

Ces deux aspects de l'objet peuvent en effet se séparer, mais d'une manière incomplète : nous ne comprenons pas une forme sans aucune matière, car ce serait un schéma de l'action perceptive incomplet, mal déterminé. Une même forme peut être appliquée à plusieurs matières et nous venons de voir la forme de la prune sur une matière de carton. Une table restera une table par sa forme, quoiqu'elle puisse être en bois, en fer ou en pierre. Inversement, une même matière peut recevoir plusieurs formes et un morceau de marbre peut être "Dieu, table ou cuvette". M. Bergson [62] nous a dit que "la forme des choses a toujours quelque chose d'artificiel et qu'elle n'est pas considérée comme définitive. Nous pouvons effacer les lignes qui marquent au dehors la structure interne, et nous tenons la matière comme indifférente à sa forme. L'ensemble de la matière nous apparaît comme une immense étoffe où nous

---

[62] Bergson, *L'évolution créatrice, 1907, p. 170.*

pouvons tailler ce que nous voulons pour le recoudre ensuite comme il nous plaira".

Cette opposition de la forme et de la matière me semble ici plus importante que *l'opposition du motif et du fond* sur lequel il se détache : les Gestaltistes ont insisté, et avec raison, sur les rapports du motif et du fond. Mais les relations des ces deux termes me paraissent se rattacher davantage, si je ne me trompe, aux relations de contenance et de contenu que nous examinerons dans une prochaine étude à l'occasion du panier de pommes.

Pour comprendre l'importance de la forme, il faut constater qu'elle intervient dans beaucoup d'autres conduites qui ne sont pas uniquement la perception des objets. Elle intervient sans doute dans bien des concepts : Rignano se donne facilement le beau rôle en étudiant les concepts géométriques où la forme est si prédominante qu'il n'est plus question de l'opposition ordinaire entre la forme et la matière. Mais on la retrouve dans beaucoup de concepts de la vie pratique où elle est plus reconnaissable : que de choses ne sont faites que pour la fo-ôrme, comme disait Bridoison. Ceux d'entre vous qui ont été dans les pays de langue espagnole et qui ont apprécié le charme de l'hospitalité espagnole ont remarqué une mode aussi élégante que charmante de rédiger une lettre d'invitation. Celui qui vous invite à dîner chez lui met son adresse au bas de la lettre, mais il la fait précéder par ces mots "a la casa de usted, à votre maison". Les mots "votre maison" éveillent le concept de propriété, vous serez chez vous, vous serez propriétaire de la maison. N'allez pas cependant mettre les couverts dans votre poche, ce que votre hôte verrait d'un mauvais oeil : vous êtes propriétaire, mais vous n'avez pas complètement le *jus utendi et abutendi*, vous ne l'avez que pour la forme.

Considérez un mot que nous avons déjà souvent étudié, car la psychologie n'est bien souvent que l'étude du dictionnaire, le mot montrer dont j'ai tiré autrefois le barbarisme "la monstration", l'acte de montrer. Un propriétaire à qui vous rendez visite vous montre son jardin : qu'est-ce que cela signifie ? On traduit d'ordinaire en disant qu'il vous "fait voir" ses fleurs et ses fruits. Quand nous avons étudié la vision nous

205

avons remarqué que les stimulations visuelles n'avaient guère de valeur en elles-mêmes, qu'elles étaient des stimulations préparantes pour divers actes suspensifs qui étaient plus tard amenés à la phase de la consommation par d'autres stimulations déchaînantes, comme le contact. La poule qui picore le grain devant ses poussins les excite non seulement à voir son geste, mais à manger le grain. Faire voir des fleurs et des fruits c'est donc vous exciter à les toucher pour les cueillir et les manger. Est-ce cela que veut le propriétaire quand il vous montre son jardin ? Il serait furieux si vous vous mettiez à cueillir les fleurs et à manger les fruits et il vous dirait : "Je n'ai fait que vous les montrer !" Il voulait que vous en restiez aux stimulations visuelles simplement préparantes qui mettent la tendance en érection et que vous ne cherchiez pas le contact qui déchaîne la consommation. Dans les expositions il est défendu de toucher aux objets exposés. Montrer est encore un "faire voir" uniquement pour la forme.

A l'étude du mot "montrer" il faut rattacher l'examen des mots regarder, écouter qui ont dans bien des cas des sens analogues. On se borne à dire d'ordinaire que "regarder et écouter", c'est voir, entendre avec attention et, l'attention, nous l'avons étudié bien souvent, consiste seulement à augmenter la force de la tendance pour laquelle la vue et l'ouïe sont simplement des stimulations préparantes. Le chat qui guette le trou d'une souris que nous avons examiné à propos des actes de l'attente se prépare à bondir avec plus de force au moment opportun et il n'élimine pas du tout de son action la consommation finale de la souris. Regarder n'est pas cela puisqu'on se borne à regarder sans toucher ni manger l'objet que l'on regarde. Regarder, c'est se montrer à soi-même de la même manière que le propriétaire nous montrait les fruits de son jardin qu'il nous donnait "à regarder". Écouter un concert ou une conférence, ce n'est pas la même chose que d'entendre avec attention un appel pour courir au-devant d'une personne ou d'entendre avec attention une question pour être prêt à y répondre. Il s'agit toujours de voir et d'entendre sans aller plus loin, de voir pour voir, d'entendre pour entendre, ce qui est toujours en somme voir et entendre pour la forme.

Nous n'avons pas à suivre en ce moment les développements énormes de cet acte de voir pour voir dans les sciences et dans les arts. M. Baldwin [63] a bien insisté sur ce qu'il appelle le *semblant object* qui, à mon avis, en dérive directement. "C'est un objet qui simule la réalité, parce qu'il a l'apparence d'une certaine réalité et qu'il est traité comme un objet réel (j'ajouterai jusqu'à un certain point seulement) bien que les coefficients de cette espèce de réalité particulière lui fassent défaut. Le "semblant object" va intervenir partout et la plupart de nos études portent sur de tels objets plus simples que les objets réels. Rappelons seulement que plus tard des notions scientifiques importantes comme des attributs et *de la* substance, des phénomènes et de l'être vont sortir de ces notions primitives de la forme et de la matière. Ces quelques observations sont suffisantes pour nous montrer l'importance de la forme qu'il ne faut pas confondre avec l'objet que fournit la perception complète.

3 – La conduite de la forme.

La notion d'objet et même la notion de la forme de l'objet sont fournies par des activations de tendances, c'est entendu, car tous les faits étudiés par la psychologie objective ne sont au fond que des actions. Mais quand il s'agit d'une notion aussi particulière que celle de la forme il faut indiquer de quelle action particulière et de quelle phase de l'action elle sort.

M. Köhler et, ce qui est curieux, M. Rignano également, mettent l'origine de la forme simplement dans les perceptions ; pour tous les deux, dès qu'on perçoit l'objet on en a la forme. L'un admet que la forme est donnée toute faite dans les sensations élémentaires grâce à l'organisation des fibres transversales, l'autre soutient que la forme est acquise par l'association des sensations qui constitue les perceptions,

---

[63] Baldwin, *La pensée et les choses*, traduction E. Philippi, 1908, p. 189.

association qui est déterminée par la recherche d'une fin utile. M. Köhler fait observer que l'unité d'une forme peut exister avant que soit organisée l'unité de la signification. Une constellation comme la Grande Ourse ne peut avoir un nom, se rattacher à une tendance effective que si une certaine unité de ce groupe d'étoiles est déjà constituée et rappelle de loin une voiture. Il en est de même de tout objet inconnu ou pas encore reconnu qui apparaît devant nous dans l'ombre et qui n'éveille l'attitude de la curiosité que dans la mesure où il est déjà dégagé comme unité inconnue : l'action ne serait qu'une tentative aveugle si elle ne pouvait s'établir sur une forme sensorielle primaire donnée. Rignano parle toujours de la fin de l'acte caractéristique de l'objet qui donne sa signification à la forme de l'objet. Tantôt une tendance effective, tantôt une autre s'éveille, tantôt un souvenir d'une de ces actions, tantôt un autre s'éveille, et c'est ce qui change dans un sens ou dans un autre la forme de la perception [64]. Avec une interprétation différente du mécanisme, l'un et l'autre voient la forme dans la simple perception de l'objet.

Il a, si je puis le remarquer, dans ces discussions un peu confuses, une conception trop vague de l'unité de l'objet et de la forme. Pour y apporter un peu plus de précision il faut d'abord distinguer, comme je l'ai si souvent demandé, les phénomènes psychologiques qui existent dans l'esprit de l'observateur et ceux que l'on place dans l'esprit du sujet. Dans tout objet nous voyons une forme et nous pouvons nous représenter la forme de la table séparée de sa matière, car nous pouvons dire : cette table est en bois mais elle pourrait avoir la même forme si elle était en fer. Nous admettons trop vite que cette même perception de la forme et cette même distinction de la forme et de la matière existent dans l'esprit de l'animal qui perçoit un fruit. Nous n'en savons rien et nous devons attendre des conduites caractéristiques de l'animal pour l'affirmer. Il ne faut pas non plus confondre constamment la forme qui est une notion particulière et distincte avec la simple unité de l'objet qui est plus grossière et qui peut exister très souvent sans la

---

[64] Rignano, *Problèmes de psychologie et de morale, 1928, p. 96.*

distinction plus délicate de la forme. Sans doute, d'une manière théorique, l'animal voit déjà la forme dans le fruit qu'il mange, puisque la forme est constituée par ses réflexes visuels qui jouent un grand rôle dans sa conduite au moins à titre de stimulations préparantes. Mais ce n'est pas là voir la forme de la même manière que nous, l'animal ne nous montre pas qu'il dégage la forme en séparant la forme du fruit de sa matière, car il ne se montre pas capable d'arrêter son action à cette phase préparante en supprimant la consommation, ce qui est l'essentiel de la forme. Autant dire que je dois comprendre immédiatement un texte chinois puisque je le perçois et que le sens est contenu dans les dessins que je perçois sur le papier. Oui, ce sens y est contenu, mais pour un autre qui saura le dégager en ajoutant à la perception une opération que je ne peux pas faire.

M. Köhler, quand il étudie ses chimpanzés, admet très bien que le singe ne comprend pas le bâton attaché à un clou par une corde. "Il se trouve, dit l'auteur, en présence d'une situation trop compliquée ... Il n'a pas le calme ni l'attention nécessaires pour envisager la situation... Il est de temps en temps instruit par les formes visibles, mais il n'a dans ce cas qu'un ensemble confus de lignes et tire à l'aveugle : les mouvements sont d'autant plus clairs que l'ensemble des lignes est plus simple" [65]. Ce singe n'en a pas moins la perception du bâton puisqu'il le tire, mais il ne sait pas en dégager la forme. Celle-ci n'est donc pas toujours donnée mécaniquement dans la perception et la sensation par des fibres transversales. Il faut un certain travail d'attention surajouté pour l'isoler, pour la percevoir en tant que forme.

M. Spearman, au Congrès de Groningue, 1927, reprochait aux Gestaltistes de confondre perpétuellement la Gestalt en tant qu'ordre des éléments sensoriels et la Gestalt en tant que groupement d'ensemble de ces mêmes éléments. "Dans les conditions normales de la vie, disait-il, nous percevons des choses et non des formes ; ce qui nous intéresse c'est de savoir quelles sont les choses et non pas si elles ont précisément telle

---

[65] Köhler, Intelligence des singes supérieurs, *1927, p. 237, 256.*

forme plutôt que telle autre. Cela est vrai quand il s'agit de nos perceptions élémentaires et quand il s'agit d'êtres inférieurs qui ne dépassent pas ce niveau, mais il n'en est pas moins vrai qu'il arrive un moment où nous nous préoccupons de la forme et de la matière et qu'à ce moment nous ajoutons quelque chose à la simple perception."

L'étude des troubles pathologiques précise ces remarques : elle nous montre que la construction de la forme est une opération particulière et difficile, car elle disparaît chez des malades affaiblis qui ont cependant conservé les actions d'un stade antérieur. Nous voyons un remarquable exemple de ce fait dans quelques expériences sur les aphasiques ou les agnosiques qui sont indiquées dans l'ouvrage de M. Head sur les troubles du langage et dans les beaux articles de M. E. Cassirer sur la conscience symbolique[66].

Le malade est parfaitement capable d'exécuter certains actes matériels, comme de cogner à une porte, d'enfoncer avec un marteau un clou dans une planche, de manger sa soupe avec une cuiller. Après l'avoir bien constaté, on écarte graduellement le sujet de la porte ou de la planche et on lui fait comprendre qu'il doit exécuter le même acte en l'air, qu'il doit faire dans l'air le geste de cogner à une porte ou d'enfoncer un clou sans Porte et sans planche, ou bien, loin de la vue de l'assiette, on lui présente une cuiller et on lui demande ce que c'est, à quoi cela sert. Le malade est tout à fait incapable de faire l'un ou l'autre de ces gestes, de comprendre à quoi sert la cuiller dont il vient de se servir pour manger sa soupe. Ces auteurs rangent ces nouvelles conduites dont le malade est incapable dans le groupe des actes *symboliques qu'a* construit M. Head. je n'aime pas beaucoup cette expression d'actes symboliques, car le symbole me paraît une notion bien supérieure que nous étudierons plus tard dans un chapitre du prochain volume. Retenons seulement que le malade est fort capable d'exécuter l'acte sous forme d'acte perceptif, mais qu'il devient incapable d'exécuter le même acte quand il ne doit en

---

[66] Cassirer E. « *Pathologie de la conscience symboli*que », in journal de psychologie, 15 mai - 15 juin *1929*.

reproduire que la forme. Nous pourrions ajouter bien des exemples en examinant les malades qui sont capables de voir un objet mais qui sont incapables de regarder, quand on leur demande de voir pour décrire, mais sans faire l'action qui est impliquée dans la perception de l'objet.

On peut remarquer que ces troubles des malades agnosiques se présentent plutôt à propos des objets artificiels qu'à propos des objets naturels : un malade de ce genre qui reconnaît bien un chien ne reconnaît pas une cuiller ou une montre. C'est probablement dans la construction des objets artificiels que s'est faite la distinction de la forme et de la matière. Dans la construction de l'objet artificiel, "la matière, comme dit M. Bergson, nous apparaît comme une immense étoffe où nous pouvons tailler ce que nous voudrons pour le recoudre comme il nous plaira"[67].

"Pourquoi n'admettrions-nous pas, dit M. Köhler, qu'un facteur psychique qui reste à découvrir réunit les éléments locaux en unités en même temps qu'il leur donne leur forme [68] ?" À mon avis il faut ajouter deux facteurs psychiques, l'acte perceptif-suspensif qui donne aux perceptions leur unité et un acte intellectuel élémentaire qui distingue la forme dans cet acte total de la perception. Cette dernière action nous est déjà connue, nous avons essayé de l'étudier dans la leçon précédente sous le nom d'acte du portrait. Le portrait, par exemple la statue en argile du petit mammouth que le bon sauvage regarde en riant, détermine des actions qui sont tout à fait les mêmes que celles dont nous venons de parler à propos de la forme. En regardant la statuette du mammouth on éveille bien la conduite schématique du mammouth, mais, vous vous le rappelez, on arrête cette conduite avant la consommation : on n'a pas peur du mammouth, on ne le fuit pas, on ne le mange pas ; on ne garde du schéma que les conduites préparantes, le voir, le montrer, le regarder. On transforme en action nouvelle qui a son unité et même sa consommation quand on exécute réellement le portrait, ces fragments isolés

---

67 Bergson H., *L'évolution créatrice*, 1907, p. 170.
68 Rignano, *Problèmes de psychologie et de morale,* 1928, p. 112.

d'une action ancienne. C'est d'ailleurs, comme nous l'avons déjà remarqué plusieurs fois, ce qui arrive souvent dans l'évolution des conduites psychologiques.

Il en est exactement de même pour la forme qui est fondée sur la même conduite. Ici encore, comme nous venons de le voir, on éveille le schéma de l'objet mais on ne l'active pas jusqu'à la phase terminale de la consommation : on ne se bat pas avec la forme d'un ennemi pas plus qu'on ne mange la forme d'un fruit. On se borne à suivre de l'œil les lignes de l'objet, on regarde, on contemple, on transforme en action ce qui n'était que la préparation à l'action. Le portrait, disions-nous, était plus ou moins conventionnel, surtout chez le primitif et chez l'enfant. Mais la forme attribuée à un objet est bien souvent aussi conventionnelle, elle reste presque toujours la même pour le même objet sans tenir compte des différents points de vue. La forme d'une poire est toujours décrite la queue en l'air et le gros bout en bas ; nous donnons une forme conventionnelle aux jambes d'un cheval qui galope et nous sommes surpris par les attitudes inattendues que nous révèle la photographie instantanée. Les malades qui présentent les sentiments du vide, qui n'ont plus le sentiment du réel, c'est-à-dire qui sont devenus incapables de pousser les actes perceptifs jusqu'à la consommation, emploient sans cesse des expressions empruntées à la conduite du portrait : "Ce n'est plus réel ... C'est pour le regarder, pas pour le vivre ... Ce ne sont plus que des dessins sur un fond plat ... Ce sont des formes vides, il n'y a plus rien dedans." Discerner la forme d'un objet et distinguer cette forme de l'objet lui-même, c'est au début se représenter le portrait qu'on en pourrait faire avec le sentiment que c'est suffisant et qu'il est inutile d'aller au delà du portrait.

La notion de la matière complémentaire de la forme est sortie peu à peu de cette même conduite du portrait. Quand on cherche à provoquer un trompe-l'œil intentionnel, on est obligé d'employer certains objets : des peaux d'animaux, des branches d'arbre, des terres malléables, des poussières colorées, car on ne peut déterminer des perceptions même illusoires qu'en employant des objets qui sont déjà liés avec des perceptions. Mais il faut que cette perception primitive de l'objet se transforme : le morceau de terre, pour faire le petit mammouth, ne doit plus rester un morceau de terre. Ces objets ne peuvent plus provoquer jusqu'au bout l'activation de la tendance perceptive qui leur était propre. Il faut prendre vis-à-vis d'eux, comme disait M. Baldwin, d'une manière amusante, "une attitude détachée, *the don't have to attitude*" [69]. Ces objets ne sont plus considérés en eux-mêmes, ils n'entraînent plus la consommation de la tendance perceptive. Ils ne sont plus considérés que par rapport à la forme qu'on veut leur donner, ils ne sont plus que des stimulations préparantes pour la nouvelle action intellectuelle, celle du portrait. Pus tard, les objets naturels auxquels nous appliquons la notion de forme sont transformés et considérés comme des objets artificiels, comme des portraits que nous avons faits ou que nous imaginons pouvoir faire avec d'autres objets considérés comme des matières de ce portrait.

Du moment que nous parlons de la conduite du portrait nous revenons à l'activité de jeu, à cette action à la fois économique et rémunératrice qui cherche à nous procurer le triomphe d'un acte réussi sans l'exécution de l'acte complet et coûteux. La conduite pour la forme n'est pas sérieuse, nous ne faisons cela que pour la forme et pas pour le fond, c'est là une conséquence du jeu qui avait déjà un si grand rôle dans le portrait et qui consiste essentiellement en actions inachevées.

Mais il y a cependant dans ce jeu de la forme un côté plus sérieux nécessaire pour le rendre social. Le trompe-l'œil intentionnel est devenu un jeu social qui doit, pour réussir, tenir compte des perceptions des autres et des détails qui servent à éveiller chez eux telle ou telle tendance perceptive. La forme va prendre également un caractère social : la société nous montre à construire des formes comme elle les comprend et c'est ce qui donne si souvent à la forme son caractère conventionnel. Il s'agit d'un jeu en commun et les objets doivent revêtir une forme qui puisse être comprise et utilisée par tous les membres du groupe.

---

[69] Baldwin, *La pensée et les choses*, 1908, p. 300.

Les études de la "Gestalt theorie" ont montré l'importance du problème psychologique de la forme. Mais les représentants de cette théorie ont résolu le problème qu'ils avaient indiqué, d'une manière, à mon avis, insuffisante, en rattachant la forme à une propriété de la sensation déterminée par des dispositions anatomiques des nerfs afférents. Rignano a protesté contre cette interprétation en rappelant justement l'importance de l'action humaine dans la perception et dans la constitution des objets, mais il n'a pas vu suffisamment la différence entre la forme et l'objet de la simple perception, différence que les Gestaltistes avaient bien sentie. Nous proposons de placer les actions qui donnent naissance à la forme au-dessus des conduites perceptives simplement génératrices de l'objet. La forme doit être rattachée au groupe si intéressant des actes intellectuels élémentaires qui ont déjà donné naissance à la route, à la place du village, à l'outil, au portrait : c'est à ce dernier que la forme se rattache particulièrement. Nous aurons à étudier dans le prochain volume qui aura pour tire "L'intelligence avant le langage" d'autres actes intellectuels et d'autres objets du même genre. Dans cet ouvrage nous aborderons l'étude du panier de pommes, point de départ de toutes les notions de quantité, et l'étude du commandement qui nous conduira aux débuts du langage et aux débuts de la mémoire.

www.ingramcontent.com/pod-product-compliance
Lightning Source LLC
Chambersburg PA
CBHW031156270326
41931CB00006B/298